My Organic Note

心地いい暮らしで変わる、こころとからだ

神田恵実

natural life book

オーガニックライフとはどんな生活でしょうか？
気持ちがよくて、美味しくて、
からだがリラックスして、こころが落ち着いて来る。
それは、昔の自分では気付けなかった感覚。
今の私にとっては、日々の生活そのものです。
自分が選び、食べたものでからだが作られ、
見ている、着ているものが感覚を磨いていく。
すべて「選んだもの」で自分自身ができています。
情報やものが豊富な今だからこそ「何を選ぶか」が
大切な時代になってきました。オーガニックな生活とは、
ただ良質で、シンプルなものを選ぶだけ。
それだけで、こころもからだも変わっていくのです。
私が実際に感じてきた、ヘルシーでキレイになれる
オーガニックライフの秘訣をこの本でお伝えします。
いつでもポジティブな循環の中にいられますように。

contents

第1章　心地よく暮らす

第2章　正しく食べる

第3章　美しく整える

第4章　穏やかなこころ

第5章　健やかに産む、育てる

nanadecor

心地よく暮らす

Relax days

こころとからだに優しい生活とはどんなもの？
私の場合は、オーガニックコットンで
からだを包むことでストレスから解き放たれ、
こころに豊かさが生まれました。
暮らしの質を上げるとは、自分自身をいたわること。
オーガニックな生活でよりヘルシーに、
たくさんの愛情で自分を満たしてあげてください。

オーガニックライフとの出会い

私は今オーガニックコットンのブランド、「ナナデェコール」を主宰しています。みなさんからは、ずっとヘルシーなライフスタイルを追求してきたように見えるかもしれませんが、昔は正反対の生活を送ってきました。ファッション誌の編集者として勤務していた頃は、早朝から撮影をして、夜中までデスクワーク。締め切りが近くなると明け方まで原稿をまとめ、それから食事に出かける。そんな日々です。肩こり、頭痛、腰痛、生理痛はいつものこと。食生活も、睡眠時間もからだのサイクルも乱れていました。月刊誌の編集者として働いていた頃は毎月、10本以上の企画を担当していました。1本に10人くらいはスタッフがいますから、常に100人を超える方々とのやりとりがあったんですね。昼間は現場や打ち合わせ、夜には原稿を書いていたので頭がパンパンなのは当たり前です。とにかく忙しく働いて駆け足の毎日でした。

独立をしてからも、フリーランスのエディターとして雑誌や書籍、国内外のブランドの広告やカタログを作っていたので、ますます仕事とプライベートが一体化。仕事は本当に楽しかったけれど、この頃は何だか疲れていて、マッサージが大好き。仕事に追われながら、買い物で発散をしたり、ゴッドハンドがいると聞けばすぐ予約をしたり。いつも癒しを外に求めていたような気がします。

そんな頃、サーフィンやヨガを通して新しい価値観に出会いました。ヴィーガン（完全菜食主義者）の友人の影響もあり、食事をオーガニックのもの、菜食に変えてみたのです。するとからだがどんどん軽くなりました。からだがほぐれてくると、こころまで軽くなるのは驚きです。そんなときに取材先でオーガニックコットンに出会ったのです。忙しい生活をしていたので、やわらかな肌触りに惹かれたのか、身にまとうものを変えただけで、自分がほどけていくような感覚に。オーガニックコットンの気持ちよさで、こころまで満たされていく安らぎを感じました。

「このやわらかな着心地は、忙しく頑張っている女性たちを癒してくれる」。編集者としての「伝えたい」という気持ちに推されて、ナイトドレスを4型作り始めたのが「ナナデェコール」のスタートです。それ以来、ストレスや体調不良など、悩みを持つ女性があまりにも多いことを知りました。私が感じたもの、このオーガニックの良さを伝えたい。次第にそれが使命となり今に至ります。ブランドを始めた結果、もうひとつ仕事が増えたわけですが、こうして今健康に楽しく、充実して仕事を続けてこられたのは、まさにオーガニックライフの賜物だと思っています。

こころとからだを強くし、いつまでも元気でアクティブに。ポジティブな循環の中に私を導いてくれたのがオーガニックな生き方、そしてライフスタイルです。

変わっていくこころとからだ

私をはじめ、それぞれのオーガニックライフによってまずはからだが、そしてこころが変わっていくひとをたくさん見てきました。

食べるものを添加物のない「オーガニック」なものにし、自分にあった食べ方を見つけること。オーガニックコットンの優しい着心地でからだを包みリラックスすること。ヨガやランニングなど、自分にあったリセット法を見つけ、ストレスをリリースすること。ひとつひとつは簡単なことです。いつもと少しだけ目線を変えただけで、違う世界が見えてきます。忙しい生活の中でこそ、こうして自分自身を心地よく保つバランスを見つけてほしい。自分の価値観を少しずつ、ナチュラルな目線へシフトする。それは自分へのご褒美探しです。

昔の私を知るひとからは「ずいぶんゆるくなったね」といわれます。山積みの仕事を期日までにこなすには、どうにか自分の思惑通りに周りを動かさないといけません。疲れて忙しいと睡眠不足になりますから、ホルモンの関係でいつもピリピリ、怒りっぽく自己中心的になりますよね。忙しい生活を「充実している」と思えるか、ただ「ストレスだ」と思ってしまうかは自分のこころの状態とモチベーション次第です。私は今、どんなに忙しくても充実していると感じられている。こんなふうに没頭できるライフワークに巡り合えたことも、幸せかもしれません。

出張で飛び回り、産前産後も変わらず仕事をしている私を見て「やはり食べ物がいいと違うね」ともいわれます。それは食生活を整え、風邪もひかない健康なからだと、ストレスをやり過ごせるようになったこころのおかげ。それが、いつも元気に、アクティブに走り続けられる自分を作っているのです。

気持ちのいい自分でいられると、おのずと肌が呼吸していくような、心地よい肌触りに喜びを感じられるようになり、自然のリズムに即して暮らすことが快適だと感じるようになりました。無駄なくシンプルに生きること、大切に作られたものを長く使うこと、自分にも他人にも環境にも優しく暮らすこと。オーガニックに暮らすひとは、年齢に関係なくいつも艶やかで凛としていて、気持ちいいひとが多いと確信しています。こだわりの生活はそれぞれ。でも根底にある美しく健康であるための努力は、どこかつながっているように思えます。ストレスをもパワーにしてしまう強さを持ち、環境にも負けない、潔い自分をつくるために。

まずは「オーガニック」な肌触りや生活で、ストレスから、身もこころも解き放ってあげてください。

肌に触れるものの贅沢

私はオーガニックコットンによって癒されたひとのひとりです。忙しく働いているなかで肌触りに惹かれ、ブランドを作るまでに。優しくふわふわの肌触りで得られる潤いをもっとみなさんに伝えたい。10年前、純粋にそう思いスタートしました。

普通のコットンは洗うと硬くなるものも多いかもしれませんが、オーガニックコットンは洗うほどにとろけていきます。ふんわりと起毛して、どんどんやわらかくなっていく。新品よりも10年前のもののほうが気持ちいいのです。普通は時が経つほどに朽ちていくものばかりですが、オーガニックコットンウェアは自分のもとに来た日が始まり。疲れたときも、悩めるときも、出張先のホテルでも、気持ちのいい肌触りが、いつもと同じように寄り添ってくれるのです。毎日着ていると、優しく包む独特の肌触りが、まるで誰かになでてもらっているように、緊張しがちなからだをリリースしてくれます。今はインナーも部屋着も、寝るときも、いつでもオーガニックコットンを着ています。寒い日は上に、やわらかなカシミヤをはおり、ふわふわ感と幸せを堪能します。肌に近いものほど、素材にこだわり上質なものを選ぶこと。大人の肌には、保湿力のあるしっとりとしたオーガニックコットンや、シルク、カシミヤなどやわらかな素材が必要です。そして毎日この肌触りが、潜在的にこころまで溶かしてくれることを、覚えておいてほしいです。

眠りを変えてくれたナイトドレス

パリ、ロンドン、ヴェネツィア、フィレンツェ、ミラノ、ニース、モナコ、ブリュッセル、NY、LA、メキシコ、チュニジア……昔からアンティークが好きで、出張やプライベートで出かけた世界中のいろんな場所でいろんな蚤の市を覗いてきました。そして自然と集まってきたのがコットンのネグリジェです。しっかりとしたコットン製でレースや刺繍の入ったもの。その国らしい刺繍や縫製があり、よく見ると持ち主のイニシャル入りや、お母さんの手仕事を想わせる丈詰めがしてある。実際に着て眠ることはできなくても、大切にされてきた手仕事を見つけるたびに、いつも嬉しくなりました。私は今でも小学生の家庭科で作ったピロケースがベッドの相棒であり、おばあちゃんからゆずり受けた花柄のリネンセットは大切な宝物。永く愛されてきたコットンやリネンのやわらかさがたまらなく好きです。

取材でオーガニックコットンに触れたとき、暖かいと感じました。新しいコットンは触ると冷たい感じがするのですが、初めて上質なオーガニックコットンに触れたとき、使い込んだコットンと同じような風合いを感じました。一瞬で虜になってしまった、不思議な暖かさ。「こんな肌触りで眠ったらどんな気持ちだろう？」と考えるうちに、縁あってネグリジェを4型作ることになりました。そしてこれが私のライフワークとなっていったのです。

眠るときにオーガニックのネグリジェを着るようになってから、すぐにからだや気分が変わってきたことに気付きました。お風呂上がりに着ると「気持ちいい」とからだがゆるんでいくのがわかります。着るだけで幸せ、とつい嬉しくなってしまうのです。こんな気分で布団に入れば、もちろん眠りの質が変わりますよね。からだもこころもリラックスしているので、今までよりも深く眠れ、自然と疲れが取れていったのです。独特の安心感に包まれて眠り、起きたときはふわっとぬくぬく。寝起きのだるさや、もやもやが確実に減っていきました。

あるとき、私の中でいろんなことがつながってきました。ヨガは呼吸に導かれるようにポーズをとり、自分をリセットしていく。サーフィンは、自分ではなく自然に身をゆだねて、波と一体化していく。マクロビオティックなら、塩だけで素材の持ち味を引き出していく。そう、あれこれ加えるのではなく、すべてが引き算です。

忙しい、疲れている、ストレスが溜まると私たちはマッサージに行ったり、美味しいものを食べたり、つい癒しを外から得ようとします。でも毎日、その日の疲れを自分でリセットできたら最高ですよね。オーガニックコットンのネグリジェが実現してくれるのは、疲れないからだになるためのリセット法。そしてネグリジェを「ナイトドレス」と呼び、ナナデェコールの「ナイトセラピー」の顔となりました。

五感の中で、寝ている間も触感だけは起きているといいます。誰かに優しく背中をなでてもらうとほっと安らげる。オーガニックコットンのナイトドレスを着て寝返りを打つと、肌に触れるたびに優しい感触を肌が感じて、自然のマッサージ効果となり、誰かに抱きしめられたのと同じホルモンを分泌してくれるそうです。つまり着て眠るだけで、優しく触れてもらっているかのように、安らぎ癒してくれるのです。そして私が着るときについ選ぶのは、新しいものではなくて、昔から着ているやわらかくなったナイトドレスたちです。10年前、最初に作ったドレスもいまだに健在。トレンドのある洋服とは違い、ずっと着られるオーガニックコットンのドレスや部屋着は、くたっとしながらも長持ちします。ですから、早く手に入れればその分、長年自分に恩返しをしてくれます。

ナイトドレスにゆるめのレギンスを合わせ、ソックスをプラスする。この循環コーディネイトがいつでも私の定番。旅先でも、いつもの部屋のようにリラックスしたいから、必ずいくつか連れていきます。こうして一生を寄り添ってくれる自分のお供たち。女性はいつでも何かしら悩みを抱えているものです。寝ている間にしっかりと自分をリセットして、明日への活力をチャージする。オーガニックコットンのナイトドレス1枚の持つ力があったからこそ、今の私があるのです。

女性の運気を上げる暮らし

お風呂上がりに、みなさんはどんなタオルでからだをふいていますか？　風水では、お風呂は疲れをリセットするだけではなく、女性の運気をアップする場所だそうです。浄化したからだを、ふわふわの上質な肌触りのもので包むことで、より運気がアップするといわれています。まさにオーガニックコットンの出番。女子力をアップする花柄のプリントがついていたら、なおさらバージョンアップです。知ってしまったからには、最上級なもので身を包み、常に上質な女性でありたいものです。ふわふわ、ベルベットタッチ、毛脚が長い短いなどオーガニックの中でも好きな質感にこだわって選ぶと気分が違います。

また実はお部屋のカーテンもオーガニックコットンに変えるといいもののひとつ。まるで空気清浄機のように、呼吸をして部屋の空気を浄化してくれます。雨で湿気が多い日は、水を含んでカーテンが長くなるので、仕立てるときは少し短めに。タオル、カーテン、ベッドカバー、シーツなど、使う面積の広いものをオーガニックに変えると、部屋の空気がやわらかくなり、その癒し効果は絶大です。オーガニック特有のナチュラルカラーも不思議な力を持っていて、コットンを見るだけで、私の場合はからだがゆるんでしまうほど。コットンを愛するほどに、この優しい色に落ち着きと安らぎをもらっています。

オーガニックな循環の中にいる自分

オーガニックコットンとは3年以上無農薬で育てられたコットンのことをいいます。無農薬の野菜が美味しいように、オーガニックの綿花は、普通のコットンよりもふわふわで、心地よさが違うと私は思います。特に綿は農薬使用量が多い農産物として有名で、収穫時期に枯葉剤という劇薬を使います。これによって農家の方は持病があり、農作業を手伝う子供たちが病気になり、散布後の畑に近づいた動物たちが絶滅の危機に瀕したりしている。もちろん環境や農地へのダメージが強いので、砂漠化などの環境破壊へもつながっています。その点、オーガニックコットンは環境にもひとにも優しい栽培方法で、丁寧に育てられています。

オーガニックコットンといっても、やわらかさや肌触りを重視したもの、肌触りよりも企業として環境対策に取り組み生まれたもの、オーガニックと書いてあっても実は10％しか含まれていないもの、畑を有機栽培に変えている途中のプレオーガニックなど様々です。普通、オーガニックコットンは糸自体が起毛しているものが多いため、洗うごとにふわふわになることが多いのですが、環境にフォーカスした素朴な風合いのものや、ナチュラルな染色を施したものなど、オーガニックといえど素材自体が硬いこともあります。また化学薬品で脱脂をしていないので、油分を含んでいるものも多く、おろしたては水分を吸い込まないこともあります。これは洗濯を重ねていくことで改善されます。またすごく縮みが出たり、天然由来の洗剤で洗っていくと、漂白剤や蛍光剤が入っていないので、次第に少しグレーがかってきます。どれもオーガニックコットンならではの特徴です。

こんなふうに、今は生地の種類も風合いも、アイテムもたくさんあります。その中でも私はその肌触りに惹かれたので「オーガニック=気持ちいい」を大切にしています。触ったときに「気持ちいい」と思える、肌触りを一番に考え、やわらかな生地を厳選。より多くのひとにオーガニックを知ってもらえるよう、「伝える」ことを使命に、心地いいアイテムたちを提案しています。

この仕事を始めてみて、より自分は大きな循環の中にいると感じるようになりました。オーガニックコットンを広めることが、少しだけ何かの役に立つことができるかもしれない。使うひとには気持ちよさを。またエコ的なライフスタイルを送るきっかけを。コットン農家や製造過程に携わる方の健康を。畑を手伝う子供たちの未来を。畑の周りに棲む動物たちの自由を。枯葉剤や農薬をまかれずにすむ大地を。たった1枚のミニタオルですら、ほんの小さな何かにつながっていくのです。

オーガニックのシェアが少しでも広がることで、作り手が増え、守られるものが増えていく。その果てしなく広がる循環の中の、小さな小さな一部です。

正しく食べる

Healing food

何気なく食べているものはすべて自分で選んだもの。
毎日の食事は自分を作る源です。
「You are what you eat」というように、
体型、肌質、気分や性格すらも、何をどう食べるか
によって変わってきます。まずは食べることに
こだわりを持つことから始めてみませんか？

何を食べ、どう食べるか

「オーガニック」とは何でしょうか？　農薬を使わない、または有機栽培の野菜。添加物が入っていないお菓子やお惣菜。それがどうしてからだにいいのでしょう？　私が「オーガニック」を選ぶ理由はすごくシンプルです。それは、美味しいから。そしてからだを強く、健康にしてくれるから。無農薬や有機の野菜は、虫がたくさんいる大地で、太陽をさんさんと受けて育ったエネルギーの塊。「一物全体」といい、皮までまるごといただくと、栄養もその食べ物を消化する酵素もしっかり摂れます。玄米には一粒一粒に発芽するエネルギーが詰まっています。対して、農薬や栄養を過剰に与えて、人工的に早く均一に育てた野菜は栄養価が低く、力強さがありません。たくさん食べても満足感が低く、それがつい量を食べてしまうことにもつながります。日本は世界でも農薬や食品添加物の使用量が多い国だといわれています。自然界で存在していない化学合成物質は、からだの中で分解されません。摂ったものがからだの中を巡っていき、内臓に溜まったり、体内のどこかで固まり病気になることも。大人になって花粉症やアトピーに、また女性だと生理痛や偏頭痛の原因につながるなど、あるときコップから水があふれたかのように、突然からだからサインが出るのが特徴です。毎日食べる食事。あなたはどちらを選びますか？　私は美味しくてからだに元気をチャージしてくれて、きれいになれる「オーガニック」を選びます。

野菜は露地もの、無農薬、有機栽培のものなど、できるだけ地元近郊で採れた新鮮で元気のいいものを手に入れます。「地産池消」がいいのは、住んでいる周りで獲れたものはその地で生活するひとのからだにあっていて、無駄なコストがかからず、新鮮で栄養価も高く美味しいから。私はスーパーよりも、ファーマーズマーケットや直売所などに行き、農家の方と話しながら買い物するのが好きです。「オーガニック」を楽しむことは、こうして食材を選ぶことから。自然の恵みをいただく喜びを感じ、感謝しながらいただきたい。私たちの忙しい生活の中で、正しく食べることは、意外と難しいですよね。仕事が終わって食事に行き、つい楽しくて遅い時間に暴飲暴食してしまう、からだに悪いと思っていてもジャンクフードを食べ、ダメだと思う気持ちが知らず知らずのうちにストレスになってまた食べてしまう。そんな悪循環に陥ることも。食べることを楽しむのは、こころとからだにとってとても大切なことです。「オーガニック」な食生活はそれを実現するためのひとつのプロセス。美味しいものをシンプルにいただくこと。すると自然とからだが整う。食べることをより楽しむために、何を食べ、どう食べるか。ちょっとしたコツを身に付ければ、それが一生のからだ作りにつながります。

からだをデトックスし体調を整える

からだを健康に美しく保つために、食べものと同じように大切なのが食べ方です。「オーガニック」でからだにいいものを食べることは基本ですが、「デトックス」も大事な要素。まずは1日、1週間、1か月とショートスパンでからだを整えてください。まずは1日単位で。私は昼と夜の1日2食。午前中は飲み物だけで、排出の時間にしています。3食の食べ方は、食べすぎた次の日の朝食はコールドプレスジュースやお茶、スムージーなど、胃腸を動かさず消化に集中できるものにします。アーユルヴェーダ式では、起きぬけにまず白湯を飲み、体の中の毒素を流します。私たちはつい食べる量ばかりを気にしてしまいますが、食べたものをきちんと出す、が大事。食べすぎた次の日、外食が多かった次の週、旅行でリズムが崩れた次の月。意識してシンプルな食事を取り入れて、デトックスする。ショートスパンでリカバリーするとからだの疲れ方が違います。

私は以前、断食でからだの大掃除をしました。減食2日、ジュース断食3日、復食2日の1週間。さらにそこから野菜と玄米の素食を1か月くらい続けました。このときのお腹がぺたんこになった気持ちよさが忘れられず、私にとってはいい目安。いつもそこに戻したいと、からだが覚えているのです。ふだん消化に負担がかかっていること、そして溜めないからだの気持ちよさを知りました。

マクロビオティック的な食生活のすすめ

私の食事はマクロビオティックがベース。玄米とお野菜を、昔ながらの製法で造られた調味料で、電子レンジを使わずに、シンプルに調理する。これだけです。ふだんは、玄米と野菜や海藻のおかずと味噌汁です。主食の米は玄米か分搗き米にします。精米した時点で酸化していくため、私は小さな精米機を愛用していて主人と一緒のときは五分搗きなど、食べるひとや料理にあわせ都度精米しています。パンなら全粒粉のものを。うどん、パスタ、ラーメンなど精白された小麦粉でできたものは、酸化していて消化も悪く、からだに溜まるので控えます。食事で陰陽のバランスをとるため、夏には夏の野菜でからだを中から冷やし、冬には冬の野菜で温めます。つまり暑くなればサラダや生野菜（陰性）をたっぷりと、寒くなれば根菜や煮物（陽性）を。海藻や乾物を常備して、疲れ気味（陰性）のときは、ヒジキ（陽性）を鍋ひとつ煮て毎食いただいています。マクロビオティックの陰陽のバランスを知ると、季節や体調に合わせて、何をどう食べるかを選べるように。それを自分なりのバランスに合わせてアレンジしていくのです。

料理法の決め手は塩と火加減。よく料理は「味付け」といいますが、味を付けるより、少しの塩と優しい火加減で、野菜の甘味や素材の持ち味を上手に引き出していく。おかげで塩、醤油、味噌だけあれば、いろんな料理を美味しく作ることができるようになりました。酒、酢はお好みで少し足すくらい。料理にはできるだけ糖分は使わず、甘味はみりんを少しだけ。塩加減が決まれば、これだけでしっかりとコクのある味に仕上げられます。短時間で優しい甘さを引き出したいから、遠赤外線の土鍋、マスタークックも私の愛用品です。

自分なりの体調がよくなる食べ方を見つけたら、それを続けることが大事です。あまりストイックになって、あれもダメ、これもダメ、というより、好きなものを好きなときに食べるためにからだを整えておくのです。すべてをオーガニックにするのは難しいけれど、調味料や、好きな食材から変えてみてください。

選ぶときにこだわってほしい食材が3つあります。まずはオイル。質が悪く、安価な植物性油は発がん性があるといわれるトランス脂肪酸が含まれています。逆に良質なオリーブオイルなどは抗酸化作用があり、炎症や血管のつまりを流し、血圧を安定させます。私はふだんオーガニックの菜種油とごま油、オリーブオイルを使い分け。オイルを過熱用と生食用と分けている方も多いと思いますが、酸化した油もよくないので、良質なものを1本ずつ早く使いきるのがおすすめです。

次に白砂糖はからだを冷やし生理痛や偏頭痛、慢性疲労などの原因になるだけではなく、中毒性があるので要注意です。夕方になると血糖値が下がり、どうしても

甘いものが食べたくなるひと。毎日食べていると、今度はお菓子がないと血糖値が上がらなくなり、低血糖症になります。白砂糖で急激に上がった血糖値は、急激に下がります。自律神経もアップダウンを繰り返すので、次第に感情も不安定になる。化学的に精製された白砂糖をやめ、甜菜糖やキビ糖など天然の甘味に変えることは、女性のからだにとって大切。おやつを選ぶ際の目安にしてください。

最後は乳製品や卵。どちらも消化に負担がかかります。牛や鶏の餌にたくさん抗生物質や、お乳を出したり卵を産ませるためのホルモン剤が入っていて、それが乳がんや子宮がんの原因になるともいわれています。また私の経験ですと、乳製品は筋肉やからだを固くします。ダイエットをしても気になる場所のお肉が取れないという方は、乳製品をやめると贅肉が落ちやすくなるかもしれません。

こういった質の悪いものや添加物を摂り続けていると、からだにサインが出始めます。いつもだるい、疲れが取れない、そしてやる気がでない、突然キレる。感情がコントロールできなくなり、こころが不安定になるのが特徴です。女性は、溜まった化学添加物がからだを冷やし、偏頭痛や生理痛の原因にも。自分では「ちゃんと食べている」と思っても、その質が悪ければ、実りのない空のカロリーを摂り、栄養は不足していくので、自分できちんと審美眼を持ちたいものです。

自然の力で作る酵素ジュース

私が作っている自家製酵素ジュースを、ナナデェコールのサロンにて小ビンに入れてお分けしています。お客様からは便秘が治った、消化がよくすっきりした、冷えが改善された、など嬉しい声をよく聞きます。ぷくぷくと呼吸をしている、生きた酵素なので、胃腸を活発に、からだの中からきれいを磨いてくれる、酵素の生コーディアルです。お水で割ってジュースに、ソーダで割ってスカッシュに。また漬けたフルーツをシェイクやスムージーに混ぜて、まるごとフル活用しています。

作り方は少々コツがいりますが、慣れれば本当に簡単。旬のフルーツを切って、天然の甘味を加えて常温で寝かせるだけです。普通はフルーツと同量の白砂糖を使いますが、私の場合は白砂糖ではなく、天然の甜菜糖、きび糖、黒糖、ココナッツシュガーなど、甘味の持つ個性とフルーツを組み合わせて、フレーバーを楽しんでいます。砂糖を入れて暖かい時期なら1時間もするとフルーツから果汁が溶けだし、砂糖が溶けていきます。私は最初、フルーツの半量くらいの砂糖を入れ、フルーツから果汁が出るのを見ながら、最終的に果汁でフルーツがかぶるくらいになるように、1日、2日目と砂糖を足していきます。1日最低1回、手でかき混ぜて様子をみながら、発酵の具合をチェック。3、4日すると果実に泡がついてきて、耳を近づけるとシュワシュワと音がします。ゆするとシュワーッと泡が出たら完成です。すぐにざるで実を濾《こ》して、ジュースと実に分けます、ジュースは酵素が呼吸できるように少しふたをゆるめて、フルーツは発酵が進まないようにふたを閉めてともに冷蔵保存です。フルーツや環境によって日にちが変わりますが、夏なら４、５日、冬なら1週間くらいが目安です。

柑橘系は皮や白い甘皮をむき小房に、リンゴは皮ごと、桃は皮をむき、プラム、ぶどうは皮のまま。皮ごと食べられるものは皮のままのほうがコクが出ます。ローズマリーやミントなどハーブやスパイスを加えてアクセントを。また、ホウレンソウやどくだみなど、アクの強い葉を入れると深みが出て甘くておいしいジュースができます。パイナップルやプラム系はすぐ発酵しますし、柑橘系も発酵エネルギーが強いので、慣れるまでは少し早目に濾してしまってもいいかもしれません。

酵素ジュースを漬けた後のフルーツを「酵素の素」と呼び、その後何に使うかをイメージして切っておきます。豆乳やバナナと「酵素の素」をミキサーにかければ甘い酵素シェイクが完成。スムージーに混ぜれば、ダブル酵素に。豆乳ヨーグルトに混ぜたり、リンゴと生姜でジュースを取り、その後パウンドケーキやオートミールクッキーに入れて焼くのも美味しい。柑橘系はお酢とオリーブオイルを混ぜてドレッシングに、マーマレードのように煮るなど、自分なりに楽しんでください。

酵素ジュース

旬のフルーツをたくさん使って天然の甘味を入れて
発酵させると、自家製酵素ジュースの出来上がり。
ぷくぷくと発酵した泡が出たら完成の合図です。

How to cook

フルーツはできるだけ細かくカットします。
保存瓶にフルーツ、砂糖、フルーツと重ね一番上を砂糖に。
砂糖はフルーツと同量ですが、甘さを控えたい人は半量で漬け、
フルーツが果汁で隠れるよう日々少しずつ砂糖を足します。
ふたをゆるめ常温で保存。果汁があがってきたら
1日数回手で上下を入れ替えるようにかき混ぜます。
4、5日して、混ぜるとシュワーッと泡が出たら完成。
ざるで濾し、フルーツとジュースと別の瓶に入れ冷蔵保存。

Arrange 1
いろんな柑橘ミックス

柑橘類は甘皮をむき種も取り、実を保存瓶に。果肉を細かくほぐし手で少しつぶして汁を出します。全体量の半分くらいの砂糖を入れかき混ぜます。砂糖を足しながら、泡が出てきたら完成です。柑橘類は発酵が進みやすいので、泡が出始めたら早めにざるで濾してください。発酵しすぎてジュースが白く濁ってしまったら急に味が落ちるので注意。漬けた実はソースや煮てジャムにして早めに使い切ってください。

Arrange 2
りんごと無花果

リンゴは皮をよく洗い、皮ごと細かく切ります。芯の部分は大き目に取り除きます。細かく切ったリンゴと、皮ごと切った無花果、砂糖を交互に保存瓶に入れ一番上に砂糖を多めに入れます。取り出しやすいように、リンゴの芯は最後にのせます。無花果はフレッシュの代わりにドライフルーツでも。シナモンや八角などスパイスを入れてアクセントに。泡が出たら濾し、漬けた実はケーキに入れると美味しい。

発酵食品で胃腸を元気に

発酵食品は胃腸を中から元気にしてくれる万能薬です。内臓の働きが活発になり、肌もきれいに、デトックスに、そして病気にならないからだになり、いいことずくめです。味噌や醤油、みりん、酢などの伝統的な調味料はもちろん、納豆、キムチ、糠漬けなどの発酵食品をご飯のお供にしてください。納豆は朝より夕食に摂るほうが、酵素が夜働くのでおすすめです。醤油を選ぶときは「本醸造」と書かれたもの。味噌も発酵を早める添加物も多く入っているので、成分表示を見てください。大豆や麦を、塩で寝かせて時間をかけて造られた「生きた味噌」が理想です。いい味噌を手に入れたら、味噌汁を作るとき、ぐらぐらと沸騰させずに、火を止めてから溶かし入れるように。生きた乳酸菌や酵素をからだに入れたいので、味噌にオリーブオイルと醤油、ごま油と豆乳などを混ぜ、サラダや温野菜のドレッシングに。また、おやつも最近人気の甘酒が大活躍です。おいもから作った甘酒など、いろんなタイプがありますが、レトルトを常備したり、炊飯器で手作りしてみても楽しいはず。赤ちゃんの離乳食や、子供のおやつにも便利です。フルーツや煮リンゴなどと混ぜておやつに、ジュースで割って栄養ドリンクに、煮たあずきや白玉と一緒にスイーツに、いろいろアレンジできます。お腹の中が強くなる発酵食品は、子供から大人まで、病気知らずのからだへの近道です。

乳製品の代わりは豆乳、ナッツ、お米のミルク

最近では植物性のいろんな種類の「ミルク」が買えるのが嬉しいです。私の朝はライスミルクやアーモンドミルクを使ったミルクティーが定番。穀物コーヒーとのカフェオレも美味しいです。アーモンドミルクはトレンドになりつつあり、いろんなタイプが販売されていますが、添加物が多いフレーバータイプが主流なので成分表示をチェック。少し高価ですがオーガニックのものを買うと、純度が高いので安心です。アーモンドやカシューナッツ、オートミールで自分で手作りすることも。一晩水に漬けて、水ごとミキサーにかけて、こすだけで出来上がりです。

私はよく、豆乳でヨーグルトを手作りしていました。最近では日本でも市販のものが増えてきたので、フルーツやシリアルと一緒に、朝食やおやつにと大活躍しています。とはいえ豆乳は体を冷やすので、ほどほどに。冷たいまま飲まずに、できるだけ温めて飲むか、料理に使ってください。クリームシチューや野菜のグラタン、豆乳鍋などいろいろアレンジして。味噌や醤油は大豆同士、相性がいいので、隠し味に少し入れるとコクが出ます。豆乳こそ安価で売られているものは添加物が多く、あまり消化が良くないので、摂りすぎると細かな吹き出物になって肌から出ようとします。摂り方に注意しながら、できるだけオーガニックのものを選んでほしいと思います。

野菜の蒸し煮

少しの塩で野菜の甘味を引き出す蒸し煮は、驚くほど
簡単に旨味が出て、いろんな料理にアレンジできて便利。
マスタークックという遠赤効果のある鍋か厚手の鍋を使って。

How to cook

大根や玉ねぎなど、野菜を適度な大きさに切ります。
ひとつまみの塩をふりかけしばらく置き、
野菜から水気が出てくるのを待ちます。
野菜が汗をかくくらい水が出れば、そのまま火にかけます。
水気がなければ、少量水を足して、ふたをして中火に。
マスタークックのふたの穴から湯気が出てきたら弱火に。
野菜に火が通ったら（数分です）火を止め
鍋に入れたまま冷ますと、しっかりとした旨味が出ます。

Arrange 1
もやしの蒸し煮

もやしを1袋洗って、水分がついたままマスタークックの中に広げ、塩をふって蒸し煮にします。熱いうちに小瓶に分けて、調味料を加え冷めたら冷蔵庫に入れて、味をなじませ保存します。ごま油を少しかければナムル風に。ごま油、酢、ラー油を加えればキムチ風に。オリーブオイルと醤油をかければ和洋風のお惣菜に。

Arrange 2
里芋の蒸し煮

里芋の皮をむき、塩をしてしっかりと水分を引き出してから、蒸し煮にします。煮あがったものを、熱いうちに少量分けてゴマペーストと和えれば胡麻和えに。熱い鍋肌に醤油を回し入れ、鍋に入れたまま冷ますと、味のしみた煮っ転がしに。煮汁ごと耐熱皿に移し、味噌を溶いた豆乳をかけてトースターで焼けばグラタン風に。

素材を生かした料理術

emi's healthy recipe

ウォーターソテー

水をまるで油のように使うテクニック。
炒め物をふっくらと、みずみずしく仕上げられ、
油も摂りすぎないので、おいしくヘルシーです。

How to cook

野菜を火が通りやすいサイズに切りそろえます。
フライパンを熱し、油のように水をたらします。
水がじゅうじゅうと沸いてきたら具材を入れ
ひとつまみの塩をして炒めます。
水が減ってきたら少しずつ鍋肌から水を足し
具材に火が通ったら出来上がりです。

Arrange 1

きのことキャベツ

にんにくのスライスを入れ少し水を入れてフライパンを熱し、弱火で香りを出します。舞茸、えのき、しめじなど好きなきのこを小房に分け、塩をふって強火でウォーターソテー。きのこがしんなりしてきたら脇によせ、ちぎったキャベツを加え、きのこを上にのせて少し蒸します。キャベツがしんなりしてきたら全体を混ぜて完成。

Arrange 2

のりと小松菜

熱したフライパンに水を多めに入れます。ちぎったのりを入れ、のりを煮溶かします。のりが水になじみ、水が減りすぎたら、少しずつ水を加えて小松菜を茎、葉の順に入れてウォーターソテーします。味を見ながら、塩を足して完成。お好みでわさびや生姜、ゆず胡椒を混ぜても美味しい。どんな葉物でもアレンジできます。

あらめ丼

ミネラル豊富な海藻など、いろんな乾物を
常備しておくと、すぐに使え栄養も抜群。
3分で完成する即席ご飯は忙しい日にぴったり。

How to cook

あらめ、白きくらげを適量お湯につけます。
数分で戻る海藻なら何でもOKです。
水を切り、少し水分が残った状態で
ごま油を少々、白醤油をかけ和えます。
夏なら少しお酢を加えてさっぱりと。
玄米ご飯に汁ごとかけます。
仕上げにごまをふって出来上がりです。

Arrange 1

がごめ昆布とめかぶ丼

がごめ昆布はカットした昆布で、お湯につけると粘り気が出ます。適量をお湯につけて戻し粘り気が出るように混ぜます。めかぶとあわせて白醤油を加え、ご飯にかけて、仕上げにのりやごまをふって出来上がり。生の大根やきゅうりとも合います。

Arrange 2

韓国風玄米ビーフンスープ

カットわかめや、海藻ミックスと玄米ビーフンを器に入れお湯を注ぎ戻します。そこへ少し多めの白醤油を入れて味を見ます。ごま油と醤油を少したらし、ごまをふって完成。キムチをのせたり、お好みでラー油、酢、豆板醤などを加え韓国風に。

emi's selection

健康なからだを作る調味料

大切に造られた上質な調味料をそろえるだけで、おいしい料理が完成します。
どれも便利で使い回せるものばかり。発酵食品を摂るには調味料から。
少しずつ「本物」をそろえて腸内環境を整えていきましょう。

1

Wao Kele Honey

ハワイ島のマーケットで買ったローハニー（非加熱のはちみつ）。海外に出かけるとよくファーマーズマーケットに行って食材を調達します。作り手から話を聞きながら新鮮な食材を買うことができます。本人私物

2

山の蜜

長崎県産の自然完熟の山の蜜。季節やハチの生態に合わせて山にはちみつを採りに行っています。大好きなのでナナデェコールのサロンでも販売中。濃厚でリッチな味のはちみつです。￥1,667＋税／能祖はちみつ園

3

みかん蜜

高知名物の「池公園の土曜市」は野菜やパンやお菓子が並ぶオーガニックマーケットの先駆け。ここで出会ったおじいちゃんが採取したこだわりのはちみつ。おすすめのみかん蜜はほんのり柑橘が香り美味しい。本人私物

4

有機アップルソース

オーガニックのリンゴを煮ただけのシンプルさが魅力的。甘酒に混ぜておやつにも、離乳食にも、ドレッシングにも、何にでもアレンジできる愛用品。リンゴ本来の甘さです。￥680＋税／㈱ブラウンシュガーファースト

5

UnsaltedCashewButter

海外に出かけるといろんな種類のナッツバターがあります。ピーナッツより軽いのはカシューナッツ。こちらはサンフランシスコのオーガニックスーパー、レインボーで買ったカシューナッツのバターです。本人私物

6

絹こし胡麻（白）

長年愛用している白ごまペースト。粒子が細かく使いやすい。少しずつ醤油を混ぜ乳化させるとごま和えに、そこへ豆乳を混ぜるとマヨネーズ風に。ごまだれにもアレンジし大活躍です。300g ￥880＋税／㈱大村屋

7

海の精 国産有機・紅玉ねり梅

シンプルな梅のペーストは何かと便利。海苔巻きにも、サラダにも、お豆腐や野菜と和えても。わかめやきゅうり、長芋、生野菜とも相性抜群。簡単おかずのバリエーションにぜひ活用して。250g ￥960＋税／海の精㈱

8

ACETO BALSAMICO DI MODENA IGP

バルサミコ酢といえばモデナ産。フィレンツェで買いました。風味豊かで深い味わい。醤油と混ぜると、それだけでドレッシングに。いいバルサミコを持っていると、野菜のサラダも、魚料理も引き立ちます。本人私物

9

純米 心の酢 上澄み無濾過

ネーミングが大好きな、こだわりの製法でじっくり育てられたお酢。マイルドで、つんとこない優しい味。夏場は醤油や味噌味の料理にたらすと独特の旨味が出る。爽やかな隠し味に。￥821（税込）／戸塚醸造店

10

本造り生しょうゆ

木樽で2年以上長期熟成。しかも非加熱なので酵素が生きていて醤油はどんな料理にも味の決め手になる。オイルと一緒で上質なものを買って、いろんな料理で早めに使い切ります。1ℓ ￥1,400＋税／オーサワジャパン㈱

11

有機白梅酢

梅干しを漬けたときに出るのが梅酢です。白梅酢は赤シソを入れる前のエキス。しっかり塩味が効いているので、これだけで野菜の味付けに、お魚にかけても美味。150mℓ ￥380（税込）／農業生産法人　竹内農園㈱

12

足助仕込三河しろたまり

湧力と海塩で小麦を木樽で天然醸造。私の一番好きな調味料がこれ。海藻や野菜と混ぜたり、ご飯と相性のいい味で、だしを利かせたような風味が即効で出せる、簡単料理の味方。300mℓ ￥490＋税／日東醸造㈱

13

有機三州味醂

2年かけて醸造する長期糖化熟成。こくがあってまろやか。根菜の煮物にちょろっと入れたり、お醤油味の炒め物に足したり。醤油とみりんだけで、コクのある味が出せます。500mℓ ￥1,040＋税／㈱角谷文治郎商店

14

国産　菜の花畑
なたね油

菜種油は料理のベースとなる油。炒め物にも、てんぷらにも、お菓子にはバター代わりに。とにかく何にでも使える万能選手。豆乳や豆腐と一緒に撹拌するとマヨネーズ風になります。650g ￥850＋税／㈲鹿北製油

15

古式玉締胡麻油　香宝

玉締め圧搾法の一番搾り。ごま油は風味が命。生で食べることもあるので上質なものを選びます。サラダや海藻丼の風味付けはもちろん、野菜炒めもごま油で風味を出して。330g ￥1,400＋税／オーサワジャパン㈱

16

センテナリウム プレミアム

今年のオリーブオイルコンテストにて金賞を受賞したオイル。シャキッとした香りでサラダや肉料理、魚にもマッチ。フレッシュ感が魅力。500mℓ ￥3,300＋税／輸入元：OLIVINO La Cocina、販売：照国オリーブラボ

17

有機エキストラバージン
ココナッツオイル

ブレイク中のココナッツオイルは、小分けタイプが便利。味噌と混ぜてお結びにのせて焼いたり、お菓子作りにと料理にいろいろアレンジして使っています。ポーションタイプ￥920＋税／㈱ブラウンシュガーファースト

18

アズポンティス・レモンフレーバー
エクストラバージンオリーブオイル

照国オリーブラボは月に1本、世界中から旬のオイルを選び宅配。コンテストの審査員を務める梅北さん厳選品。これはレモン風味のオイルです。￥2,300（税込）／輸入元：㈱ゴープレミア、販売：照国オリーブラボ

emi's selection

常備しておくといい食材

常備しておくと便利な乾物から、朝食のお供など我が家のキッチンの定番です。
自然食品店でそろうものがほとんどですが、地方の直売所で出会ったお茶なども。
日常的に手軽に食べている、私の好きなものが勢ぞろいです。

1

玄米ビーフン

お湯ですぐもどせるビーフンは玄米だからお腹にたまります。野菜と一緒に炒めても、スープヌードルやサラダにも。中華風の味付けが合う。小腹が空いたときにどうぞ。￥420＋税／㈱ヤムヤム

2

白きくらげ

美肌にいいしこしこした歯ごたえが大好きな白きくらげ。お湯ですぐもどるのも魅力です。かさが増えるので、少量ずつ。シンプルな味なので、ほかの海藻ともマッチ。￥325（税込）／海幸の里

3

特級棒寒天

棒寒天は夏のゼリーや豆乳プリンなどを作る材料に。水でもどしほぐして、繊維状になったものをサラダに使うと胃腸からデトックスしてくれているような気がします。￥301＋税／北原産業㈱

4

刻あらめ

あらめはマクロビオティックではよく使う海藻。すぐにもどるので調理直前にお湯につければ大丈夫。ひじきより細め。もどしてシンプルに醤油とごま油で和えます。￥264＋税／製造：三田商店、販売：リマ池尻大橋店

5

ベジタリアンのための野菜カレー

忙しい日のお助けはレトルト食品。男性が食べても満足できるようなカレーを常備しています。この野菜カレーは奥深い味わい。ご飯があればすぐに完成です。￥307（税込）／桜井食品㈱

6

オーサワのベジハヤシ

オーサワのハヤシライスは、時間のない日の食事にぴったりで、大好き。よく注文しています。甘味とコクがあるので、誰でも食べやすい味です。180ｇ　￥350＋税／オーサワジャパン㈱

7

オーサワうめしょう

梅醤は冷蔵庫にひとつ持っていると便利です。疲れたときに夕方に一杯。美味しく感じれば欲している証拠。体をチェックするバロメーターにも。250ｇ　￥1,200＋税／オーサワジャパン㈱

8

こだわりてっか味噌

鉄火味噌は野菜を細かくして炒めたふりかけ。耳かき一杯で元気になります。作るのにとても手間がかかるので、自分で作ったのはリマの授業と試作会のときだけ。￥1,980＋税／こくさいや

9

ゆきうら合わせ熟成味噌

長崎にある川添酒造のお味噌がいま一番のお気に入りです。クラシック音楽を聞かせながら熟成させたまろやかな味。合わせ味噌、麦味噌など数種類を常備しています。￥700＋税／川添酢造㈲

10

みそ丸くん

小分けになった袋に味噌ボールと乾燥わかめがパック。これひとつで味噌汁の完成です。味噌汁は質にこだわりたいので、インスタントでも本格タイプを。6個入り￥695＋税／リマ池尻大橋店

11

ひしわ　農薬を使わずに育てた紅茶ティーバッグ

ひとつのティーバッグでもかなり濃く、2杯分くらい取れます。嫌な渋味がないので、コク出ししてライスミルクと割るとロイヤルミルクティーみたい。44g（20袋）￥300＋税／㈱菱和園

12

福茶

熊本の直売所で買っている福茶は薬草を混ぜた健康茶。麦茶よりも香ばしい風合いで、いろんな薬草が入っているのに癖がなくて飲みやすい。たくさん作ってよく飲んでいます。本人私物

13

有機・無双番茶

からだを温めてくれる番茶。マクロビオティックでは、常飲していいからだに優しいお茶です。番茶にマスカットなどのフルーツを入れてゼリーにしてもおいしい。150g￥700＋税／ムソー㈱

14

オリーブ玄米茶

長崎のKuuではヨガの先生でありセラピストの井上さんがnanadecorの商品も販売。小さな島でオリーブを育て、家族でお茶に。渋味が病みつきになる健康茶。￥1,500＋税／小さな島のオリーブ畑

15

プロヴァメル オーガニック アーモンドミルク

陰性の豆乳から、ナッツミルクに変えました。アーモンドミルクはコクがあり紅茶や、穀物コーヒーに入れます。ビオ以外は混ざり物が多いので注意。200mℓ ￥230＋税／CHOOSEE（チューズィー）

16

ブリッジ　ライスドリンク（バニラ）

ライスミルクはほんのり甘い風味が特徴。最近では毎朝のミルクティーのお供です。ナッツミルクよりさらっとしていて優しく飲みやすい。安心安全なお米のミルクです。￥600＋税／㈱ミトク

17

発酵豆乳入りマーガリン

まるでバターのようなしっかりした味わいに驚く植物性のマーガリン。ヴィーガンのパン好きにはたまらない満足感。はちみつと一緒にはちみつバタートーストを。160g￥315＋税／㈱創健社

18

豆乳グルト

海外では種類が多い豆乳ヨーグルト。自分でよく作っていましたが、市販のもので大きなサイズが出たのは画期的。シリアルやフルーツ、プルーンと一緒に。400g ￥250＋税／マルサンアイ㈱

SHIHO（しほ） 1976年、滋賀県生まれ。モデル活動21年目。女性から幅広く支持を受ける。クリエイティブディレクターとして活躍しているブランドも話題。http://shihostyle.comをチェック！

美しさを磨く食事
Healthy Food

guest

SHIHOさん

「なりたいからだのために
必要な食べ物を選んでいくようになりました」

モデル、ブランドのディレクター、時にはヨガを教える先生。
様々な顔を持つSHIHOさんは、仕事に、子育てにといつもアクティブに活躍する
友人であり同志です。忙しい生活を送っていながら
みずみずしい美しさが際立つSHIHOさんの、「食」に関するこだわりを聞きました。

ＳＨＩＨＯさんとの長い付き合いの中で私が感じてきたのは「食べる」ことを楽しんでいるからこそ、細すぎない理想的なからだと、しっとりとした肌を持ち、そしていつも健康で元気だということ。若い頃、一緒に夜中まで食事をしていても、早朝のロケは元気につるつるの肌で現れるし、とにかく体力的にもタフ。こういう体調やコンディションをぶれずにキープできるからこそトップモデルであり、誰よりも元気に忙しい日々をこなしていくんだと納得したものでした。

ひとの美しさは外見だけでなく、中からにじみ出るもの。オーガニックコスメを使うことやメイクをすること＝美しさではありません。ひととして輝いて生きていく。そのベースになるのが食事で、何を食べるかです。

「昔を振り返ると20代は好きなことをして、好きなものを好きなだけ食べて、外側からのケアを気にしていた時期。それが30代になってからは内側のケア、何を食べるとどのように体に影響が出るかを気にし始め、なりたいからだのために必要なものを選んでいくようになりました。ただ好きなものを食べるより、まずはどんな体になりたいか、そのために必要な食事法を自分なりに考えてみることが大切だと思います。いろいろ試して体質に合ったものを確認しながら変えていく。私の場合は、何時に何を食べるか、食事の内容によって次の日の体の感じ方、脂肪のつき方、排便のコンディションなど、いろいろチェックしています。いろんなことを試していくうちに今の自分に合うベストなものを選べるようになってきました」

このからだになりたいから、こういう食べ物をこう食べようとか、自分の理想を目指して食生活を変化させていったＳＨＩＨＯさん。

それはモデルならではの発想かもしれませんが、私たちも理想像を掲げると、より現実的にからだが変わっていくのかもしれません。

「私の理想は、健康でしなやかでみずみずしいからだ。ほどよく女性らしいやわらかさや丸みがありつつ、軸や凹凸、メリハリのある引き締まったからだに憧れます」

　それはまさに、私たちから見るＳＨＩＨＯさんです。ふだんの食生活をうかがうと、格闘家の旦那様を持つＳＨＩＨＯさんならでは。

「新鮮な旬の野菜とたんぱく質を中心に、炭水化物を控える食事を心がけています。赤身の肉や脂身のない鶏などを食べると体は締まりやすく、炭水化物を多く摂りすぎるとからだは緩みやすくなります。炭水化物を摂るなら白米より玄米、野菜はグリーンスムージーやサラダで。生野菜・葉野菜は色の濃いものを食べると浄化作用があると聞いたので、積極的に摂るようにしています。年齢を重ねていくと代謝が落ちて太りやすくなる分、同じ量を食べるなら食事内容を変えて食べることが必要。またしっかり食べないと、すぐに疲れやだるさを感じたり、肌荒れしたり、やつれたりと体調の変化も感じてきます」

　こんなふうにからだのサインを見逃さずに、日々食事をすることも大切かもしれません。さらに今年から改めて適度な運動をコンスタントに続けることにしたとか。それは定期的にからだを見直す習慣を持たないと、からだの中が循環せずに、何か溜まるような感じがして、太ってしまうと感じたからだそう。

「昨年は子育てもあり、運動をほとんどしていなかった年。運動をしなくなるとからだを気にかけなくなり、どんどんお腹まわりにお肉が溜まりやすくなっていました。いつの間にか服が似合わなくなり、職業柄危機感を持

った時期も。今年からは気持ちを切り替えて、朝起きてからヨガを30分～1時間程度と瞑想をするようになりました」

毎年行われる『ヨガフェスタ』でも講師を務めるSHIHOさん。ヨガの集中合宿で自身のトレーニングや、生徒を教えるためのアシストの勉強をしてきたばかり。子育てしながらも自分を磨く時間も大切にしています。

「3か月に1度くらいのペースで体内をジュースクレンズしたり、血液検査をして足りない栄養素をサプリメントで補ったり。からだを整えるために、自分に合ったものを持つことがおすすめです。結婚をして、子供ができて、日々のやることが多くなると自分の時間がなくなりますよね。でも自分の時間を持つのはとても大事。ネイルサロンやヘアサロンに行くなどケアする時間や、からだとこころに向き合ったり、リフレッシュする時間も必要ですよね。ときどき美味しいものをいただいてリラックスすることも忘れずに」

食事によって変わる性格もあります。草食動物は穏やかで肉食動物は攻撃的。ヴィーガンだと繊細で敏感に感じやすくなります。

「ビュッフェレストランなどで周りを見ると、体格や体型で食べているものも量も違いますよね。肉中心か野菜中心か、量と質どちらを重視しているかなど。食事にそのひとが出ているし、そのひと自身が作られているのがよくわかります。バランスよくしっかり食べていれば免疫力は高まり、病気をしにくいし、食べてなければ体調を崩しやすくなる。あからさまにからだに現れます」

旬のものを食べることも大切です。SHIHOさんを見ていて思うのは、いつも自分のからだの声を大切にしている、ということ。何をしたいのか、どこへ行きたいのか、何を食べたいのか。それは自分に素直であること。「自分が食べたいって思うものはからだが欲しているもの。その声にはできるだけ従うようにしていますし、なぜそれを食べたいと思うのか理由も考えるようにしています。すごく甘いものを食べたいときは疲れているんだなと感じるし、食べたいものはからだの調子のバロメーター。いつも観察している感じです。ヨガを始めてから、食事はお腹を満たすためだけではなく味わうことだと気付きました。野菜には美しい彩りとそれぞれが持つ味わい深い美味しさがあり、ゆっくり噛みながらいただくとそんなに食べなくても満足できることを知りました」

食べないものは？　と聞くと即答の返事。「食品添加物や合成保存料、防腐剤などを使用した食べ物はあまり食べないようにしています。即席のレトルト食品やカップ麺などもできるだけ購入せず、ヴィーガンやオーガニックフードのカフェ、手作りのものや専門店で販売されているものを選ぶようにしています。加工品は必ず裏の表示を見て食品ではないものが表示されていたら避けることも。スーパーでは産地を見て、どんな土地でどのように育ったのか想像しながら購入しています。そして食べるときには『いただきます』と感謝の気持ちを忘れずに。」

食を変えてからのからだの調子は？

「まず体調が悪くなることがほとんどないです。肌の調子もいいですね。食事が偏ると顔色が悪くなったり精気がなく見えたり。体を酸化させる食べものは老けやすく、塩分が多いとむくみやすい。賢く食材を選んで食べていると、ダイエットしていないのに顔が引き締まったりやせて見えたりします。キレイなひとほど食事にこだわっていて、美味しいものをちゃんと食べている。制限せずに、いかに美味しく楽しく食べるか、ですね」

美味しく食べるとからだにも実になります。

「最近、食べもので体質や体型が変わると感じたのは、育ち盛りの子供たち。娘はフルーツが大好きで木になるものばかりをよく食べるのですが、やはり華奢で軽やかな体型です。友人の子どもは、娘より年下ですが下半身がドシッとしていて、聞くと穀物や根菜類など土に根付いたものをよく食べるとか」

食べるものがからだを作っている。まさに自分の元気の源は選んだもの次第です。

「まずは食事を見直して、体質をよく知ること。何を食べたらどうなるかはひとそれぞれなので、自分がからだの管理人になって合うものを見つけていく。からだは素直で、気にかけて食事や生活スタイルを変えるとどんどん変化していきます。それが本当に楽しいんです。私の周りにいるエネルギッシュな年上の方々は、食事や自己管理の意識が高い人ばかり。いくつになっても生き生きしていられるかは自分のケア次第。情熱や信念を持って生きているのか、何を選択して食べているのかが大事だと思います」

ただからだにいいものを食べているだけではなく、信じて食べることで効果が出る。

「良いものを摂っていても本当に自分がそれを食べたいと思っていなければからだに効かないと思います。脳科学者の研究で、食べたくないときに良いものを食べるよりも食べたいときにファストフードを食べたほうが脳に良いとありました。何を食べてもいい。自分が喜ぶものとからだに良いものをバランスよく摂るのが賢い食べ方だと思います」

からだに合った食べ物を、自分らしく食べることで理想の自分を作ってください。

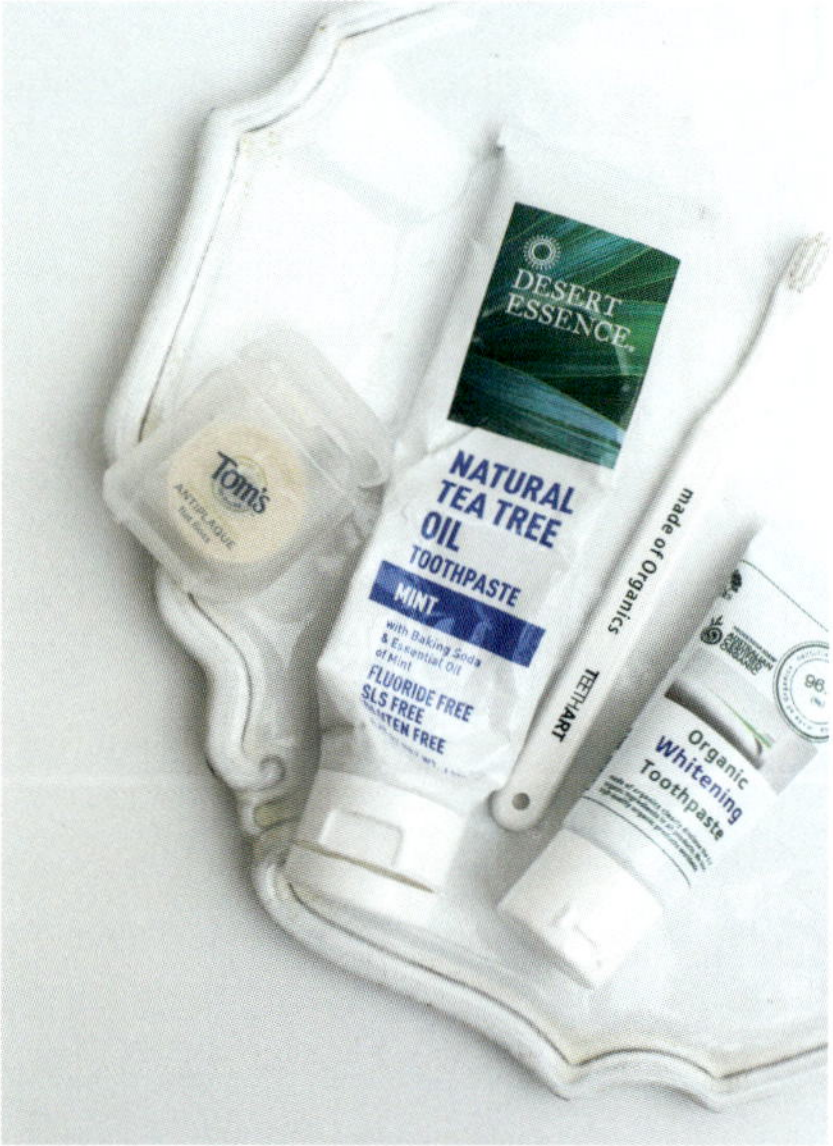
DESERT ESSENCE
NATURAL TEA TREE OIL
TOOTHPASTE
MINT
FLUORIDE FREE
SLS FREE
Tom's
ANTIPLAQUE
made of Organics
TEETHART
Organic Whitening Toothpaste

WANI BOOKOUT 豪華連載陣一覧！

LIFE STYLE

三尋木 奈保

ファッションエディター
大人気エディター三尋木奈保さんが綴る、最高のお酒と食の楽しみかた。

本多 さおり

整理収納アドバイザー
素敵なホテル探訪を愛する本多さおりさんがおすすめのホテルをご紹介。

神田 恵実

nanadecor ディレクター
超忙の日々でもできる、ちょいマクロビな簡単ヘルシーごはんの作りかた。

井上 裕美子

フードスタイリスト
旬の食材を使ったお手軽レシピをご紹介。いつもの食卓に彩りを。

森田 敦子

フィトテラピスト
植物療法の第一人者が伝える、体調を整えるのに役立つ「植物の力」。

ウツノアイ

ファッションエディター
ジュエリーデザイナーでもあるアイさんがお届けする日々のおしゃれ通信。

寺澤 ゆりえ

イラストレーター
ファッション誌を中心に活躍する寺澤さんが描く「街のオシャレさん」。

YURI

ライター＆舞台演出家
双子の男児を育てる大変さ＆楽しさ満載の日記。育児のお役立ち情報も！

CULTURE & ENTERTAINMENT

DJ あおい

辛口映画コラム
フォロワー計 33 万人！ 大人気恋愛アドバイザーが挑む、初の映画評論。

STUDY

ゆるっと漫画
Twitter で大人気のウサギさんが教える、クスッと笑える大人のたしなみ。

クスドフトシ

しあわせコラム
幸せになるとっておきの方法、それは…他の誰かを“笑顔”にすること。

山田 玲司

恋愛指導 BAR
“モテ” の絶対理論を確立した漫画家による「超実用的恋愛ストーリー」。

村松 奈美

恋愛心理学
結婚、浮気……恋愛の悩みを解決するヒントは心理学にありました。

印南 敦史
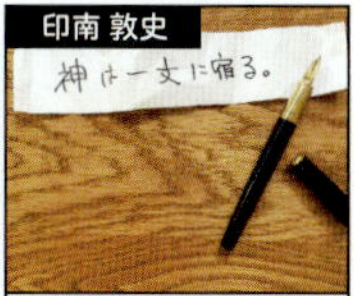

書評コラム
「ライフハッカー」でも人気の書評家が、数多の本から見つけた “神の一文”。

美しく整える

Care yourself

美しいひとは、年齢を重ねるほど
より艶やかさが増していきます。
オーガニックコスメを使うことがいいのではなく、
それを受け止めるクリーンなからだとこころがあって
初めて、自然の恵みをより大きな力に変えられる。
自分自身のリズムが整うといつも元気。
そんなポジティブな循環を目指したい。

自分のベストを知っていますか？

どういう自分になりたいですか？　それは見た目だけではなく、お肌や髪のコンディション、体重や体調など、パーソナルな自分のコンディションも含めてです。どういう自分になりたいか＝どういう状態が自分にとってベストなのか、きちんと把握してみませんか？　「どんな状態だと自分が調子いいか」を知ることは、すごく大切。常にお肌もからだも調子がいいと、いつでも100％のエネルギーで何事にも向かえるからです。それには睡眠は何時間がいいのか。朝食は何を食べ、昼食は何時に何をとるか。食べすぎた次の日をどう過ごすか。週に1回、デトックスデーを作っているか。どんなタイプのヨガに行くか。からだに凝りや滞りはないか。自分に合う先生やセラピストはいるか。月にどれくらいのペースでマッサージや鍼の治療に行くか。生理が満月にきているか、新月にきているか。こんなふうに、今の自分の状態を知るために、ひとつひとつ探っていきます。たとえば睡眠なら、たくさん寝たら気持ちがよくても、頭が1日ボーッとしてからだがだるいかもしれない。でも12時に寝て7時に起きたら、清々しく頭が冴えた。それが自分のベストな睡眠のとり方です。もちろん、その通りにいかないこともしょっちゅうです。でもいろんな「いい状態」をからだで覚えていくと、体調が悪いときにそこに戻す力が出ます。自分のベストを知り、いつでも気持ちいいからだをキープしてください。

からだがこころにつながる

からだは自分の意識次第で変わっていきます。なりたい自分のイメージが具体的であればあるほど、結果が早く出ます。どんな体型をキープしたいのかを考えながら、無理なく日常に取り入れられる自分にあった運動を見つけてください。私は現在70歳を過ぎても夫婦でスキーや海に出かけ、筋トレやストレッチを毎日しているような両親の元で育ったので、運動は日常的に続けるものでした。冬はスキーやスノーボード、暖かくなればサーフィンやシュノーケリング。自然のフィールドで楽しむスポーツは、自分を解放できるこころを癒すスポーツです。対して日々コツコツ続けるランニングやヨガは、自分のからだと向き合うもの。どちらも私にとっては必要で、世界中どこに行っても楽しむことができる、人生をより豊かにするもの。両親を見習って、いつまでも元気で風通しのいい自分でいたいから、健康や体型維持、美容のためという以上に、自分自身のバランスを保ち、ポジティブでいるために続けていきたいと思います。

私の周りの「ランガール」たちも素敵な女性ばかりです。毎朝30分=約5キロくらい走ることを目標に、家から気の向くまま走り出し、15分したら戻ってくる。これで往復30分です。走る、歩くときは姿勢を正し、腹筋に力を入れて。同じ走るならしっかり筋肉を使い、からだへの効果を引き出したいから、足が地面につく瞬間にお腹とお尻の筋肉を握りこぶしでとんとんと叩き、筋肉に力が入るよう呼び起こします。以前ホノルルマラソンを完走したことがあります。定期的に走っていると走るほどからだが軽くなり気持ちがよく、少しずつでも、続けたいです。

ヨガは自分のリセット法です。呼吸をしながらポーズをとり、伸ばしたところに意識を向けると、そこから滞りが抜けていきます。肺は唯一、自分の意志で動かせる内臓です。深く呼吸をするだけで内側が温まり、マインドが深いところへ落ちていく。からだがほぐれ、こころが満たされ、終わったときは、不思議な満足感です。私は以前、ケン・ハラクマ先生（Ｐ１１６〜）のもとでアシュタンガヨガを学びました。アシュタンガはおなじみの太陽礼拝からスタートし、決まったポーズで練習を重ねると、その先にある難易度の高いポーズが次第にとれてくる。テンポよく動くストイックなヨガです。すごく忙しかったり、悩んでいたり。自分の頭が疲れてしまい「無心」になることが必要になったとき、私はアシュタンガに助けられました。ケン先生はこの忙しい現代社会で、ストレスにつぶされそうになる私たちを自分らしく過ごせるように導いてくれる先生だと思います。ヨガを通して、ストレスとの付き合い方やこころのあり方を教えてくれる。からだを動かすことがこころにつながることを教えてくれた先生です。

女性のからだをリラックスさせ、ほぐしてくれるのがシバナンダヨガです。友永ヨーガ学院の友永淳子院長はいつも優しく元気で美しい「こう年齢を重ねたい」と思う私のお手本です。学院では、クラスに通っている年数が長い方ほどみなさんお元気。昨年ご引退された湯沢先生は御年81歳！　何十年も通うシルバークラスの生徒さんの姿勢も発声も身のこなしも、私たちより若々しい！　継続は力なりですね。友永式ヨーガは末端の足先から全身をほぐしていき、今月のポーズに入ります。夏のむくみ、風邪、消化を促したい時期。季節に合わせてからだを調整してくれる。レッスン中は頭がとろけて、半瞑想をしているような気分です。院長はお子さん3人を育てながら、インドのアシュラムに修行に出かけるなど、仕事と子育てとを両立してきた、キャリアウーマンの先駆け的な存在。いろんなご苦労の末に今の学院がありますので、ヨガの素晴らしさを伝えるとともに、女性がとにかく健康で、清々しく日々を送れるようなアドバイスを惜しみなくしてくださいます。小柄ですが練習のときは後光が差しているかのように大きく見える。私も院長のようにたおやかで背筋の通った、優しく、でもおちゃめでかわいい女性になりたいと思う、憧れの存在です。こうして自分なりに学んできたものを、時間があるときに少しずつ。私にとって運動は豊かな自分を目指して、一生続けていくものです。

深い呼吸と正しいからだの動き

ふだんデスクワークが増えてくると、からだが自然と凝り固まってしまいます。足を組んだり、姿勢が悪かったり、自分の癖がありますよね。呼吸整体師の森田愛子先生は、鍼灸の先生でありながら、ヨガのインストラクターをされていて「からだの育てなおし」をテーマに治療院をされています。偶然、紹介を受け通うようになり、慢性化してあきらめていた腰痛が治りました。

私たちは知らず知らず、からだが緊張していてしまっています。肩こりや偏頭痛など痛みとして現れるとマッサージに行きますが、気付いていない症状が多い。愛子先生のところでチェックしてもらうと、からだががちがちに固まっていることに気付きます。お腹もかたく、頭皮や顔もむくんでいる。忙しい生活はすぐにからだに現れるものですね。最近ではスマホをいじっているひとも多いので、首は下に、肩は丸まり、のどがつまっているので呼吸もすごく浅く小さくなっています。呼吸はエネルギーの源です。運動をしているときはなおさら、全身の血を巡らせたい。血液がからだの中心から、手先、足先まで全身を巡ってこそ、ひとは治癒力が上がり、病気知らずの健康体になれるのです。冷え性もそうです。いくら外から温めても、中の巡りが悪ければ、何をしても根本からは改善されません。日頃の生活から緊張や力みをできるだけなくしリラックスしたからだを作りたいものです。

愛子先生の施術は簡単な動きでからだの力みをとり、呼吸を中心におさめてくれます。産前は血の巡りをよくし妊娠しやすいからだに。妊婦のときは、つわりがなく、元気に過ごせるからだに。特に妊婦のときは、無理をして、お腹が下がってくる。それを簡単な動きで、きゅっと上げてくれていました。赤ちゃんが居心地のいい、もともとの所定地に戻してくれる。お腹が下がったままだと、お母さんにも子供にも負担が大きく、お腹にベルトをしても赤ちゃんにとっては窮屈なだけでしょう。ときにはハリが強くてお腹がパンパンになったとき。これも力みが原因なので、それをリセットするだけで、自然とすっとお腹がしぼみました。おかげで私はつわりもなし、ギリギリまでみっちり仕事ができました。やっと愛子先生の著書「深呼吸のまほう」で動きの解説を読むことができるようになりました。簡単な動きばかりですので試してください。

片頭痛や生理痛で悩んでいる方、妊活中、妊婦期、産後、女性のどんな悩みも呼吸が深くなることで改善できることも。一日に約3万回も繰り返している呼吸の1回の質を上げると、からだがどんどん変わっていきます。からだをリラックスさせて、正しい動きでストレスがかからないように。フレキシブルな自分を目指して気持ちの良さを手に入れてください。

免疫力を高めるための冷え対策

自分の肌の感覚を大切に敏感でいたいです。からだは何もいいませんが、全身を守ってくれているのはお肌。クリームを塗ったり、マッサージしたりしながら、硬くなっているところはないか、冷たくなっているところはないか、いつも自分で触って感じ取るようにしてください。私たちは1度体温が上がるだけで、免疫力が上がり病気知らずのからだになります。私は夏でもあまり冷たいものは飲みません。夏野菜も暑い時期しかほとんど食べません。そしていつも、下半身をできるだけ暖かく保つようにしています。ソックスは2~3枚重ねばき。ボトムの下にオーガニックコットンのニットパンツやレギンスをはいています。ナナデェコールでも締め付けがないゆるゆるレギンス、フカフカなコットンのニットパンツ、さらっとしたコットンメッシュの腹巻が1年を通してのロングセラーです。寝ている間はできるだけからだをゆるめて、循環をよくしたいので、締め付けやウエストのゴムがきついのはNGです。寝るときの定番のスタイルはドレスにレギンス、+ソックス。ナイトドレスにお腹が隠れるほど股上が深いストレッチなしレギンスをはいて、パジャマ感覚でドレスを着ています。寒くなればソックスを足して、重ね着をしながら1年を通してコットンの風合いを楽しみます。中心を温めて、こころとからだをほっとリラックス。いつも心地よさに包まれて幸せを感じてください。

肌に近いアイテムをオーガニックコットンにすると、
起毛しているので暖かい。お腹から腰回りを温めると、
内臓機能が整い代謝もよくなります。すべて本人私物

女性の周期＝生理と向き合う

28日の月の満ち欠けと同じように、女性のからだも月のリズムと同じ28日の周期があります。毎月いつ頃生理がきていますか？　月の暦カレンダーを見ながら、自分の生理がきた日をチェックして、まずはからだのリズムを知ってください。満月と新月どちらにきていますか？　それともぜんぜん関係のない日にきていますか？　私は忙しいと新月に生理がくることが多く、からだの調子が整ってくると、満月に少しずつシフトしていきます。不思議なもので、生理が満月にくると排卵日は14日後の新月です。つまりからだが子供を産む準備が進んでくると、生理は満月にやってきて、年齢的に未熟なうちや、仕事モードやストレスで、子供を作る体制になっていないときは、自然と新月に生理がくる。子供を宿ることができる状態かどうかをからだが察知して周期がくる。女性のからだは本当に神秘的です。

ストレスが多く不規則な生活が続くと生理は如実に乱れます。最近では生理痛がひどい、生理が止まった、量が増えた、おりものが続くなど様々な悩みを聞きます。「いつものこと」と放置したり、鎮痛剤やピルを飲んでも根本からは治りません。女性特有の疾患につながる前にきちんと検査をする。また自分の自然治癒力を信じて、根気よく体質改善してほしいと思います。

生理の悩みを持つ方は、シンプルな生活を心がけてください。ストレスをやり過ごせるようになるためにも、添加物のない食事、からだの冷え対策＝温めること、動かすこと、深い睡眠をしっかりとること。そして生理用品をオーガニックに変えてください。布ナプキンは使ううちに経血の量や臭いが減り、からだのリズムが整ってきます。生理の周期が整うと同時に、経血コントロールもできるように。私もふだん、生理になる瞬間からほとんど自分の意思で、トイレで出すことができます。ですから布ナプキンすらあまりよごれません。しかし最初は布ナプキンを使うのが怖い方も多いはずです。まずはオーガニックの使い捨て紙ナプキンやライナーに変えて様子をみてください。しばらく使うと量が減りますので、それから布に移行すれば洗濯も楽ちんです。

お店でみなさんから悩みを聞くとからだのリズムが狂っている方が多いようです。そこで長崎の布ナプキン専門店「りぼん」さんにお願いして「満月の布ナプキン」を作っていただきました。植物のエネルギーが一番高まる満月に収穫した枇杷の葉でオーガニックコットンを手染めしたもの。実はこのふかふか生地はナナデェコールの中でも最高級品。満月のパワーで、みなさんのからだが月のリズムに合いますようにと願いを込めて。毎日使っている方もいて「からだが変わった」「妊娠した」という声の多いおまじないアイテム。生理を通じて自分のからだを感じてください。

P54で紹介した梅醤に熱い番茶を注ぎ入れれば、簡単に作ることができる梅醤番茶。ごま塩や鉄火味噌の玄米おにぎりとの相性もバツグンです。

きれいな血を全身に流す

デスクワークで座りっぱなしや運動不足が続くと、代謝が下がるのはもちろん、女性は股関節の中に古い血が溜まります。中医学では「お血《けつ》」といいますが、血流が悪く血液が溜まると疾患や生理痛などの痛みを引き起こします。一度ファスティングなどでからだの大掃除をすることも効果的ですが、ふだんから股関節に血液が溜まらないよう、からだを温めてほぐし、いつも血液を流すよう心がけてください。

低血圧や、生理痛のある方には、血をきれいにする「梅醤番茶」や「鉄火味噌」がおすすめです。梅醤番茶は、マクロビオティックの万能薬的な存在で、浄血作用があり、きれいな血を増やす造血にもなります。鉄火味噌は細かく切ったゴボウ、人参、蓮根、生姜に味噌を加えごま油で何時間もかけて炒めるマクロビオティックの中でも一番作るのに手間がかかる、陽性の元気の源です。どちらも貧血や冷え性はもちろん、疲れやすい人を元気にしてくれます。ちょっと疲れがたまっているな、フルーツや甘いものを食べ過ぎているな、貧血気味かな、胃腸が疲れているかしら。私は体が弱っていて陰性に偏っているなと感じたら、必ず梅醤を1杯飲んでいます。下痢や胃もたれなど何にでも効くので出張にもスティックタイプを必ず持参。生理痛の改善にも血をきれいにさらさらにしたいもの。ときには玄米と鉄火味噌と味噌汁だけ、という素食で血を浄化してください。

肌に触れる部分がオーガニックコットンで作られているナチュラムーンのおりもの専用シート￥600＋税／日本グリーンパックス㈱　デリケートゾーンのケアにアンティーム　ローズ ローション￥3,000＋税／㈱サンルイ・インターナッショナル

デリケートゾーンこそ脱ケミカル

今は小学生から生理痛に悩む女の子が増えているそうです。市販の生理用ナプキンに使用される石油由来の「高分子吸収体」などの化学薬品が、からだの熱で気化し粘膜から吸収されたり、ふだん食べている化学添加物などが理由のひとつ。紙ナプキンの普及率と子宮筋腫や内膜症の増加率が比例しているといいますし、最近では、おりものが長く続き悪循環に陥っている話をよく耳にします。粘液は本来、体からいらないものを出すもの。高分子吸収体を長時間していると、体温を奪い冷えにつながり生理痛の原因にもなるようです。また口に綿を詰めたらどんどん唾液が出てくるように、デリケートゾーンにライナーを毎日あて吸い取ると、逆に粘膜は粘液を出し続けます。それがおりものが止まらない理由ともいえそうです。蒸れて雑菌が繁殖しかゆみやかぶれにつながる場合も多く、臭いが気になることも。症状を改善するには、まず生理用品をオーガニックの布か紙のものに変えてみる。そしてデリケートゾーン専用のコスメで毎日ケアをします。植物療法士の森田敦子さん（P136〜）が作ったデリケートゾーン専用の「アンティーム」。顔は特別なコスメを使うのに、もっと繊細な粘膜のケアをしない日本は、この分野において教育も認知も遅れているそう。女性としての自分を守るために、大切なデリケートゾーンこそオーガニックのコスメでスペシャルケアを。

女性を守るランジェリー

長時間にわたるブラジャーの窮屈な着け心地と、ワイヤーでいつも心臓の近くを締め付けているのは、からだにとってかなりのストレスです。脇の下にはリンパ節があるので、アンダーの締め付けは上半身の血液の循環を妨げ、肩こりや顔色のくすみなどの原因に。また化繊のレースやゴムがこすれて肌が黒ずんだり、汗でかぶれたり、女性にとって悩みはいろいろ。そこで、ブラジャーもオーガニックコットンの、締め付けずに優しくサポートするノンワイヤータイプを作りました。絶妙にフィットするソフトな感触に、今までのワイヤー入りは、かなりストレスがあったことを実感しました。

また生理のときだけではなく、ふだんからショーツを化繊ではなくオーガニックコットンで通気性よく、清潔に保つことが大切です。これで決して下半身の血流を締め付けないように。優しいふかふかなコットンに包まれ、ふんわり温かい気持ちの良さを、日々満喫してください。もちろんデザインも、フェミニンにラブリーに。着けている時間が長いランジェリー。肌に一番近いものだからこそ、女性らしさにこだわると、潜在的な気持ちが変わってきます。敏感な粘膜を、優しい素材で包み守ってあげること。これは、女性である自分自身を大切にすることです。

ゴムや背中のホックの内側など、肌に当たる細かなところまでをオーガニックコットンにこだわったブラジャー。ショーツはできるだけ軽やかに、ゴムが肌に当たらないように作っています。ともにnanadecor

美肌の秘訣はシンプルケア

私は中学生の頃から肌のトラブルに悩んできました。肌はガサガサ、顔もブツブツ、いろんな悩みがあり、数えきれないほどの商品やエステを試してきました。しかしどれも劇的な効果はなし。30代になり、やっと肌は内臓の現れだと知り、ヴィーガンの食事に変えてみたのです。そして初めて「肌が変わる」という驚きを実感しました。エステでもお手上げだった吹き出物やごわごわだった皮膚が薄くやわらかくなり、肌に艶が出るようになってきたのです。それは長い旅でした。食事を変え、断食と1か月くらいの復食を続け、とにかく体の中の大掃除をしたのも、肌のため。そして海外のヴィーガンスタイルの食事ではなく、日本人の女性としてどんな食事がいいのか。クリーンになったからだを、いかにバランスよく保つかを勉強したいと、マクロビオティックの本家、リマ・クッキングスクールに師範科まで通いました。肌を磨き、美しさや若さを保つには食べ物から。自分に合ったマクロビオティックの食事をすることはもちろんですが、早食いや夜中の食事、動物性の食事は胃腸の負担になります。食べすぎも消化に時間がかかる。お腹の中に食べ物が長い間あると、それが毒素になります。何を食べるかも大切ですが、お肌にとっては食べたものをきちんと消化し、短時間でからだの外へ出すこと。食べ物と食べ方に気を付けて胃腸から体内をクリーンにすることから始めてください。

私のスキンケアは、肌本来の美しさを引き出すべく、シンプルに引き算が基本です。洗顔とクレンジングはクリーム、ジェル、石鹸を肌を見ながら使い分け。つっぱらずしっとりした洗い上がりが理想です。そこへ「良質な」オーガニックの化粧水と、オイルだけ。最初、ケミカルなものからオーガニックに変えると、何か物足りなく、肌がごわつくかもしれません。しかし2〜3か月、肌をデトックスするつもりで根気よく使い続けてみてください。これが最初の「肌作り」です。肌も内臓と同じで、一度リセット時期を過ぎると、しっかりと植物の力を受け取ることができます。植物や海藻は肌の真皮層まで潤いを届ける力があり、美顔器で化粧水をナノ化して肌に入れこむ必要がありません。手でシンプルに使えばどんどん入るようになります。肌のコンディションは水分と油分のバランスです。良質なオイルはどんな高い美容液よりも、肌を細胞から修復し、素肌自体を艶やかに元気にしてくれると実感しました。オイル好きが高じて低温圧搾の最高級セサミオイルをオリジナルのｍａｍａｂａｂｙオイルとして発売したほど。万能なので、これ1本で毎日全身をケアしています。化粧水をたっぷり入れオイルをごく薄く、また化粧水を重ねるとオイルが顔の上で乳化します。これを繰り返せば美容液のように。手で肌を感じながら毎日のスキンケア。理想的な保湿バランスを自分で作ってください。

emi's selection

肌に優しいスキンケア

私がデイリーに使っているスキンケアです。洗顔で落としすぎないことが大切。
季節や肌の調子に合わせて質感の違うオイルや化粧水などを使い分けています。
上質な化粧水にオイルを少し。手で肌を感じながら量や重ね具合を調節します。

1

ハーブファーマシ―
マロービューティバーム

バーム好きとしては、たっぷり使えるサイズが嬉しい。フェイシャル用ですが保湿にもリップバームとしても使っています。ほんのり甘い香りもお気に入り。￥4,200＋税／㈱ピー・エス・インターナショナル

2

mamababy
オーガニックオイル

オーガニックのごまを低温圧搾し、酵素が生きているといわれる、全身に使えるさらっとしたセサミオイル。どんなオイルより浸透がよく最高。上質なので美容液のように使うとシミ予防に。￥3,800＋税／nanadecor

3

ヴァレド ローズ W-ローズ
プレシャス オイル

砂漠で育つサボテンの種から採ったオイルは保水力があります。そこへダマスクローズとアルガンオイルをブレンドした贅沢オイル。香りもハリ感も素晴らしい！ ￥7,200＋税／㈱ジェイ・シー・ビー・ジャポン

4

フローラル
トーニングローション

薬草を思わせるハーブの香りでリフレッシュできる化粧水。イギリスで手作りされているシリーズの中でも、気分転換にぴったりな化粧水を使っています。爽やかな香りが好きです。￥4,700＋税／㈱リッチフィールド

5

ケンソー・ローズウォーター

数あるローズウォーターの中でも、香りが豊かで高品質。土作りから栽培、蒸留、充填まで一貫して管理された国産の無農薬のローズウォーターです。さらっと肌に入りモチモチに。￥2,200＋税／㈱健草医学舎

6

ホワイトバーチ
モイストウォーターセット

化粧水の鮮度を守るパウチ袋を使った独自のボトルを見ただけで、鮮度が違います。ジュースのように新鮮でオーガニックかつ非加熱の白樺の樹液エキス。肌が繊細なときでも安心です。￥3,800＋税／アムリターラ

7

テラクオーレ カモミール ディープモイスト ジェルマスク

カモミールのジェルマスクは洗い流し用ですが、そのまま肌に塗り込んで使うこともできます。鎮静効果が高いので、夏の日焼けの後など、薄く塗ってしばらくおき、肌に浸透させます。75mℓ ￥5,000＋税／テラクオーレ

8

ロゴナ エイジプロテクション モイスチャーパック

肌がごわついてきたら、こってりとしたテクスチャーのパックで保湿します。オイルとヒッポファンエキスが入った強力な保湿パックなので、半身浴でもしながらじっくりと使うのもおすすめ。￥900＋税／ロゴナジャパン

9

mamababy オーガニックソープ

ダブル洗顔にシャンプーに、からだにと、しっとり＆さっぱりした絶妙な洗い上がりで私の中では最高の石鹸。オーガニックなのに泡立ちもよく3日でメダカのえさになる。安心な品質。￥2,400＋税／nanadecor

10

ローズド マラケシュ サボン オ ガスール

ガスール（クレイ）が入った石鹸は、さっぱりとしたいディープクレンジングな気分の日にぴったり。時々洗顔や、全身を洗いデトックス。ローズの香りも大好きです。￥1,500＋税／㈱ジェイ・シー・ビー・ジャポン

11

サテンボディーローション

独特のブレンドのハーブの香りでリフレッシュできるので、マッサージしながらボディケアに。お風呂上がりに使うとお肌もつるつる。ゆるめの乳液タイプでさっぱりと使いやすい。￥4,700＋税／㈱リッチフィールド

12

リラックスアロマ クレンジングクリーム

洗い上がりがさっぱりする肌に優しいクレンジング。季節の変わり目にも安心して使えて、春や秋はクレンジング兼、洗顔としてこれ1本で済ませます。優しいテクスチャーが心地いい。￥4,000＋税／アムリターラ

13

マルティナ ローズクレンジングミルク

ナチュラルメイクの私ですが、割としっかりとメイクをした日はこちらのこってりタイプを。油分が多くしっかりしているので、マッサージしながら使います。￥4,000＋税／おもちゃ箱

艶やかな素肌に色をのせる

ナチュラルなものに惹かれると、次第にスキンケアをオーガニックにしますが、メイクアップはケミカルを使っているというひとも多いですよね。でも最近ではアレルギー体質の方が増え、なんだか肌荒れがひどい、と思っていたら、実は急に日光アレルギーや金属アレルギーが出てきていたということも。メイクアップ用品も肌にのせている時間が長いのと、汗や排気ガス、花粉など外の環境と交わることが多いので、安心安全なものを使うことをおすすめします。特にファンデーションや日焼け止めは石油由来や鉱物入りのものが多く、シミやアレルギーの原因に。今はオーガニック化粧品も進化してブランドも豊富なので、いろいろ試してください。

めんどうくさがり、ついすっぴんでいがちな私のメイクに対するモチベーションは、メイクアップアーティストのＹＵＫＩさんが作るブラシによって変わりました。ファッション誌のエディターとして仕事を始めた頃、ＹＵＫＩさんは私にとって憧れのひと。プロ意識が誰よりも高いため、ミランダ・カーなど海外アーティストの指名が多いのも納得です。そんなＹＵＫＩさんがパリ在住のときに培ったのがブラシメイク。クリームファンデもブラシでのせる独自のテクニックです。しかし帰国後、日本にはいいブラシがなく、熊野で長年かけて開発。ベースから仕上げまでＹＵＫＩさんの経験値で計算されたベストな使い心地。素人でも簡単に使えて仕上がりが変わるのです。

YUKIさんの名言は「メイクする時間が15分あれば、10分はマッサージに使って」という言葉。どんなに色を足すよりも、顔色を整えるには、丁寧に顔をマッサージしてあげることが一番だそう。目の周り、眉やおでこ、小鼻からほほやあごのライン。しっかりこめかみに向かって流してください。そして首筋を通って鎖骨まで。毒素をリンパに流し込むイメージです。私も朝晩、化粧水＋オイルをつけて、真剣にマッサージするようになりました。すると、確かに顔の調子が違います。続けることでたるみや、代謝が変わってきそう。10年後の肌に違いが出そうです。

朝は日焼け止めをベースに、BBクリームの明るい色を顔の中心に、濃い色をシェーディングに、YUKIブラシを使ってささっとのせます。ブラシだと驚くほどさらっときれいに肌にのり、手も汚れず便利。そして眉を整え目尻にアイラインを少しだけ。アイシャドウ、リップ、チークなどの色ものはその日の気分によって。

顔の印象は、自分のイメージにつながるものです。ナチュラル派だからこそ、透明感のある美しさを目指して。まずは、素肌をオイル美容でしっかりマッサージし、顔色をよく。肌本来の艶を引き出すような、しっとり肌に磨いてください。そして肌に優しいメイクを少しだけ。艶やかで美しい内からの輝きが決め手です。

emi's selection

ナチュラルに美しく

シンプルな肌作りと、艶やかさが大切。
ポイントメイクもテクスチャーにこだわって。

1

THREE プレスド アイカラー パレット デュオ 03

モードな色違いがモダンで気分が上がる。発色のいいTHREEはラインにも使えるダーク色が入った２色のパレットが好きです。￥3,800＋税／THREE

2

ファンデーションブラシ（大）

これさえあれば誰でもきれいになれる、YUKIブラシ。メイクが楽しく簡単に。一度使うともう戻れない新感覚です。￥8,580＋税／nanadecor

3

アイブロウ ショコラ

レフィルを変えて使えるアイブロウは後ろにブラシが内蔵されているので便利。ナチュラルに仕上がります。￥2,800＋税／㈱ネイチャーズウェイ

4

アイライナー

アイラインは目に近いので、オーガニックに。アイシャドウでぼかせるやわらかな芯がポイント。￥3,000＋税／ニールズヤード レメディーズ

5

エーデルワイス UVプロテクト

数あるUVケアの中でも顔にはこれを使っています。薄くてべとつかず、白浮きせずにすっとなじみます。￥2,300＋税／ヴェレダ・ジャパン

6

THREE ベルベットラスト リップスティック

赤いリップは永遠の定番。THREEのリップはシンプルなパッケージが好き。写真のものは廃版で現在は同じような色が発売中。￥3,500＋税／THREE

7

UV スキンパーフェクション ミディアムベージュ

早坂香須子さんディレクションのBBクリームは明るい色に加えて、一段濃い色をシェーディング用として。25mℓ ￥3100＋税／SHIGETA Japan

8

マスカラ コルネ

マスカラもウォータープルーフよりも、優しいクレンジングで簡単に落ちる程度のテクスチャーで十分。￥2,800＋税／㈱ネイチャーズウェイ

9

ゴールディーズ バジルリップティント

濃いめの色に見えますが、軽いテクスチャーのバームタイプなので、ニュアンスカラーとして混ぜて使えます。￥1,500＋税／ピース81

10

ハニーデューリップセラム

唇の潤いは大事です。ナチュラルな色を生かしたいときは、グロスではなくシゲタをエッセンスのように。10mℓ ￥2,500＋税／SHIGETA Japan

11

ミネラルチーク ヘザー

顔色をよく見せるチークはふんわりと肌にのせます。※ヘザーは現在販売終了、他２色を販売中。￥3,800＋税／ニールズヤード レメディーズ

子宮と直結しているといわれる頭皮

シャンプーこそオーガニックのものに変えるべきアイテムの上位です。よく頭皮と子宮は直結していて、シャンプー剤が子宮に影響するともいわれていますが、カラーリングは特に危険です。食べ物を通して口から入った添加物は、排泄という行為で外に出すことができます。でも経皮毒《けいひどく》という言葉が最近はよく聞かれるようになりましたが、肌や頭皮から吸収されたものはダイレクトに血管に入るので、排出されず体内に溜まってしまうというのです。それがいつか、何かの形で出てきます。頭皮は特に敏感。きちんとオーガニックのアイテムを選んでほしいと思います。

私はふだん「ツイギー」のシリーズを愛用しています。週に1回スカルプケアをして、頭皮からデトックス。湯船に入っている間に、頭からすーっと毒素が出ていくようイメージしながら使います。そしてシャンプーは、泡立てて髪を洗ったら、そのままシャンプーの泡でパックします。これでトリートメントしたように髪がしっとり。オーガニックの中でも、特に良質なものは、そのまま流してしまうのはもったいない。髪や肌にしっかり浸透させて使います。そしてリンスは洗い流して使うだけではなく、濡れた髪の毛先に、乾いた髪のスタイリングにと、ヘアクリームのようにいろいろ使い回せる便利品です。実際サロンで聞いたアレンジ術。オーガニックだと肌や頭皮についても安心なので、使い方も自由自在です。

またローズドマラケシュのシャンプーはクレイ入りのすっきり感が好きで、夏の間は特に出番が多い愛用品です。ローズの優しい香りが広がり、疲れた日に使うと、なんだか幸せな気分になれる。私のお気に入りです。

シャンプーする前には、ブラッシングで頭皮をマッサージするのもお忘れなく。平野ブラシは日本人の髪質に合っているだけではなく、職人さんの手により手作りされているので、適度に張りがあり、しっかりと頭皮に刺激を与えてくれる逸品です。顔のたるみは頭皮から。頭皮ケアは毎日の定番にしたいものです。

最後にもうひとつ、できれば歯磨き粉もオーガニックを使ってください。粘膜の代表が口の中です。ダイレクトに口から吸収される歯磨き粉こそ、ケミカルでなくオーガニックなものを。泡立たないものが多いので、最初は違和感があるかもしれませんが、口の粘膜はより多くのものを吸収してしまいます。オーガニックのものを自然食品店で探してみてください。日本製はまだ種類が少ないのですが、海外ではフレーバーも豊富でお値段もかなり手頃。私は海外に行ったときに、お気に入りをたくさんまとめ買いします。デンタルフロスも安全な植物性のワックスを使っているものがあるので要チェックです。

emi's selection

健やかな頭皮のために

スキンケア感覚で使える、頭皮をケアしつつ、
安心な使い心地のヘアケアシリーズ。

1

EPICUREAN
ヘアクレンジング クレイ

お風呂の中で地肌につけてマッサージしながら、湯船に浸かってデトックスを。疲れたときや、頭を使った日、ひととよく話して気が上がっている日のクールダウンに。¥6,000＋税／㈱ツイギー

2

EPICUREAN
トリートメントライト

これ1本で何役もこなしてくれるトリートメント。シャンプーの後はほんの少し。タオルドライしてから毛先に。ワックスと混ぜてヘアクリームとしても使えます。¥3,900＋税／㈱ツイギー

3

EPICUREAN
シャンプーライト

このリッチなテクスチャーを知ってしまうと、ほかのシャンプーでは物足りません。オーガニックなのに泡立ち抜群。洗った泡で髪を包み5分以上パックします。¥3,900＋税／㈱ツイギー

4

ヘアブラシ B-2

日本製かつ職人技のブラシ。毛脚にハリがあり地肌にしっかり届くので、毎日ブラッシングして地肌もマッサージしています。抜け毛も引っかかるのでお風呂の前に使って。¥10,000＋税／ブラシの平野

5

ローズド マラケシュ
スカルプ クレンジング パック

クレイのクレンジングタイプ。ローズの香りがお風呂場に広がり、さっぱりしたい日にぴったり。クレンジングとパックと両方できるのもいい。¥4,000＋税／㈱ジェイ・シー・ビー・ジャポン

6

ローズド マラケシュ
クレイシャンプー

とにかく気分を上げたいときや、疲れた日によく使ってリフレッシュ&チャージしています。クレイ入りとダマスクローズの香りが大好きです。¥2,200＋税／㈱ジェイ・シー・ビー・ジャポン

7

ローズド マラケシュ
ヘアコンディショナー

トリートメントのような気分で使えるコンディショナーです。重すぎず軽やかなので、さらさらと。私はクレイ入りのタイプがお気に入りです。¥2,800＋税／㈱ジェイ・シー・ビー・ジャポン

松浦美穂（まつうら・みほ）ヘアサロン「Twiggy（ツイギー）」オーナー兼スタイリスト。多くの女優、モデル、ファッション関係者に支持されているヘアカットやスタイリングはもちろん、自ら開発したナチュラルかつ高品質なヘアケア＆ヘアスタイリングプロダクツも人気。

経皮毒の話

Care yourself

guest

松浦美穂さん

「頭皮は本当にデリケート。
デトックスしてから栄養を入れるのがいいですね」

公私ともにお世話になっている「ツイギー」の松浦美穂さん。
ヘアスタイリングだけでなく、いかに健やかな髪を保つか、ということを
いつも教わっています。ケミカルなヘアケア剤を使うことによって危険視される、
頭皮からの“経皮毒”についても聞きました。

パーソナルな魅力を大切にしたテクニックで女優やモデルをはじめ著名人からも支持を集める松浦さん。ファッション的でアバンギャルドなスタイリングとは裏腹に、ご本人はロンドン仕込みの本格派ナチュラリストです。オリジナルのシャンプーやスタイリング剤の成分も背景までこだわったものを使用。オーガニックのヘアケアアイテムの中でも群を抜いたクオリティーです。それも長年サロンワークを大切に、多彩な年齢の、様々なタイプの方々の髪を切り、触り続けているからこそ。頭皮ケアもシャンプーも、肌に優しく気持ちいいだけではなく、髪自体が扱いやすく簡単にスタイリングできるようになる。そんな日本人ならではの仕上がりの美しさを実現させました。このプロダクトを作った理由とは？

「一番の問題は経皮毒といって肌から入る、化学薬品です。頭皮だけでなく、経皮毒は全身から入ります。皮膚から入ったものは代謝ができなくてからだに溜まりやすいんです」

刺激が強いカラーリングやブリーチのからだへの影響も心配です。

「アメリカの一部では、ブリーチ剤は経皮吸収が一番高いので妊婦は使用しないようにという法律ができたと聞きました。シャンプーも化学物質を多く含むものは直接原液を頭皮につけるのは危険。頭皮はデリケートだから毛でおおわれて守られているのです。だからこそ毒素が吸収されやすく血管へ入りやすく、それが子宮や肝臓、腎臓に溜まりやすい。頭皮は守るものです。でも髪の毛は別です。すでに細胞は死んでいるのでカラーやパーマも大丈夫。口から入ったものが、血液を通って髪に栄養や毒素として出てきます」

添加物の摂取量が多いとどうなりますか？

「当然パサパサになります。また偏った食事で動物性の油を摂りすぎると脂質が重くなって頭皮に出やすくなります。それを一気に石油系界面活性剤入りのシャンプーで取り除くと、乾燥して次に生えてくる毛が細く弱くなります。バランスのよい食事をとって、自分から湧き出てくる皮脂を大切に。ある程度の年齢になったら、シンプルケア＝ナチュラルすぎずに潤いが大事です。私は25年ほど前にロンドンに行って初めてホメオパシーやフラワーレメディの『毒を持って毒を制す』ということも知り、いろんな意味で考えさせられました。それまではケミカルが悪いという感覚もなく、『便利で早い』ということが極上の贅沢だったんです。でも今はオーガニック系のカラーもあるし、選択肢も広がった。少し施術に時間はかかりますが、頭皮が弱いひとや妊娠しているひと、ケミカルが嫌なら変えればいい」

元気なとき、妊婦のとき、産後などパーソナルなアドバイスはいつもためになります。

「ヘアスタイルにも理由があります。自分の転換期や気分の改革を図りたい時にはバシッと髪を切って前に進む。ロングはリラックスしている時期。だから妊婦のときより、いざ産んでスタートするときに、大仕事が終わったんだからリセットしようかっていう気持ちで切ることが多いです」

私も産後を髪が後押ししてくれました。

「髪は気持ちの現れ。プロダクトを作りたいと思った本当の理由は、髪を切りたいから（笑）。髪が丈夫だと切ったラインが出て素敵なヘアスタイルができる。だからいくつになっても健康な髪の毛でいてほしい。そんな願いを込めて日本人の髪や頭皮に合うプロダクトを丁寧に作りたかったんです。生き生きとした若々しさは顔より髪です」

ナチュラリストになりたいからこそ、人より倍ケアしなければ。食事もデトックスしてから、自分に合うもので体調を整えていく。

「自分に合ったデトックスを知っているひとは、ケミカルなものを食べても健康です。私は〝発酵食品〟を中心に食べたいものを食べています。今の自分に合っている食事はひとそれぞれだけど、しっかりデトックスできることと、栄養をしっかり摂れることが大事です」

　ひとそれぞれ個性があるので、松浦さんに合った食がある。きっとプロダクトも、自分に合ったものを、自分なりに使えるといい。

「デトックス系のクレンジングクレイは週1。お腹と一緒で、溜めてきたパーマ液やカラー剤などをしっかりデトックス。放射能をぎゅっと吸着させるほどの成分が入っているので、毒素成分や老廃物を取ってから栄養を入れます。うちのシャンプーがしっとりしているのは栄養剤をまとうためのもので汚れを取りすぎるものではないから。シャンプー、トリートメントで栄養補給してトニックでふたをするというシステムなので、毛がしっとりして盛り上がる感じ。食べ物同様、オーガニックだからどうぞではなくて、美味しくて満足し、さらにオーガニックなんてラッキーって」

　自分のシャンプーの泡で赤ちゃんを洗っても安心です。スタッフのみなさんがヘアミストを化粧水代わりに使っていると聞いて、私はヘアケア剤が顔にかかるのがすごく嫌だったので、さすがだなと思いました。

「逆にいうと、化粧水を髪につけているんですよ。ヘアミストは化粧水の成分にたんぱく質を少し多めに入れたもの。保湿力があるので飛行機など乾燥するときにからだや顔、髪にシュシュッとつけています」

穏やかなこころ

Keep smiling

忙しい都会の生活の中でこころを穏やかに
保つことは自分を守ることかもしれません。
こころがクリアになると、その先にある
未来にアプローチできるようになる。
何をしたいか、どう生きたいのか。
埋もれてしまう毎日をリセットして
明日に向かうこころに静けさを持ちたいもの。

理想の女性像

潔く、決断力があり、かつ行動力が伴っている。みんなに優しくて、包容力がある。そしていつも艶やかで潤いのある女性。ポジティブかつ元気、でも女らしい。そんな自立した優しい女性像が私の理想です。食事の乱れや、甘いものでからだが陰性に偏っていると、気持ちもナイーブになってしまう。逆にからだが整うと気持ちも前向きになれます。決断力や潔さは、自分が判断する内容や重さや回数によって磨かれるものです。いつも何かを「自分で決める」ことから逃げていると、この判断力がつきません。「今日は誰と何を食べるか」こんな簡単なことでもひとつずつ、自分で決めて進んでいく。小さいことから大きな決断まで選んできた結果が今の自分です。ひとつひとつを大切に選んでいくと、それが前向きなエネルギーとなって縁を呼び、素晴らしい出会いや実りにつながります。自分をクリアに、軽やかに、シンプルに生きること。自分のダメな部分もふくめて、許してあげる余裕を持つこと。自分を大切にしていくことが、素敵な女性への第一歩かもしれません。オーガニックライフを実践し始めてからは、こころもからだも晴れやかです。いるものといらないものがはっきりしたのか、決断力が磨かれてきたような気がします。理想の女性に近づくべく、きちんと自分の人生を選んでいけるように、自分らしくいられるように。これがいつも毎日笑っていられる秘訣かもしれません。

毎日よく眠れていますか？　「寝ても疲れが取れない」「朝すっきりと起きられない」という悩みをよく聞きます。この質問に当てはまるのはいくつありますか。

1　寝る時間はその日の気分しだい
2　寝つきが悪く、テレビやスマホをベッドでも見ている
3　夜中に何度か起きてしまう
4　目覚ましよりも早く目が覚める
5　起きたときに疲れが残っている、すっきり感がない
6　徹夜も平気で、夜中まで起きている日もある
7　自分は寝なくても平気なタイプだ
8　週末に寝だめをしている
9　休みの日は家でゆっくり過ごしたい
10　遊びに出かけるのも気力が出ずめんどくさい
11　昼間に眠くなり居眠りをしてしまう
12　ふだんから熟睡できないことが多い
13　イライラして集中できないことがある
14　ベッドの中でつい考え事をしてしまう

ほとんどの方がひとつ以上の「はい」があるはずです。それは立派な「睡眠障害」の予備軍。「かくれ不眠」とも呼ばれています。ブランドを始めてからほとんどの方が何かしら睡眠に関する悩みを持っていて、睡眠不足が普通であることを知りました。それがオーガニックコットンのドレスを着て深く眠れるようになると、元気できれいになる。こんなポジティブな循環を見てきました。この「睡眠」の持つ力に気付き、もっとメカニズムを勉強したいと「睡眠改善インストラクター」という資格を取りました。睡眠の質を上げて、からだのリズムを整えると現代病や精神面の悩みへもアプローチできる。今はそう確信しています。慢性的な睡眠不足は、脳が休まらず、ストレスがリセットできないので、イライラが募ります。仕事にも遊びにもやる気が出ず、怒りっぽく切れやすくなる。ネガティブさや不安が増してくると運動はもちろん、友人と会ったり、食事に出かけるのも億劫になる。精神的なストレスが原因で、偏頭痛や生理痛を引き起こすことも。さらに寝不足のときはホルモンの関係で、お腹が減りやすく、満腹感が麻痺してきます。だからダイエットの大敵でもあるのです。寝不足は悪循環です。でも逆をいえば、快眠なら朝の目覚めもよく、やる気がみなぎり、運動をしたり、食事も美味しくいただけて、またよく眠れる。ポジティブなサイクルで毎日を過ごせるようになるのです。

睡眠はご存じの通り、レム睡眠とノンレム睡眠を繰り返しています。ノンレム睡眠は体内で成長ホルモンが分泌されるのと同時に脳を休ませる睡眠です。レム睡眠の間は脳はいらない記憶の整理をし、からだを休めている状態。つまり深く熟睡できて初めて、頭もからだも疲れが取れ、ストレスがリセットできるのです。慢性的な睡眠不足の場合、からだのリズムが崩れやすいのは週末の寝だめのせいです。ストレスから解放され、なぜかよく眠れる週末。長く寝てしまうと、今度は夜眠れなくなりませんか？　月曜から睡眠不足になり、週の中頃までだるさをひっぱってしまう。実はひとは寝だめはできません。睡眠時間のずれを繰り返すと、リズムが乱れ自律神経が不安定に。週末の寝だめはいつもより＋3時間までにしてください。ほかにも気を付けたいことは、寝る前のスマホのブルーライト。カフェインは6時間前まで。煙草も控え、お酒はぬけたときに覚醒してしまうのでほどほどに。昼間は活動して日光に当たる。おいしく食事をいただく、ぬるめのお風呂に入って、体温が下がるタイミングを利用して眠りにつく。遅く寝ても早く起きて、夜型にリズムが乱れていくのを防ぐ。これくらい、いつもよく眠ることに執着を持って、睡眠の大切さに意識を向けてみてください。寝不足サイクルを解消し、睡眠の質も上げていく。これがストレスをリセットし、毎日元気に過ごす秘訣です。

深く眠ると美しく若返る

細胞や筋肉の修復、新陳代謝を促す成長ホルモンは、入眠後3時間がもっとも多く分泌されます。自分なりに気持ちよく眠りにつけるアイテムを持ち、快眠を習慣付けてください。私はオーガニックコットンのナイトドレスを着始めて、睡眠の質が上がりました。おかげでからだが軽く、元気になりました。前より性格自体がゆるくなったのも、いろいろ抱え込んだ頭の中を毎晩しっかりリセットできるようになったからでしょうか。人生の3分の1といわれる睡眠。良質な睡眠は、自分次第で手に入るわけですから、もっとみなさんに大切にしてもらいたいと思っています。入眠アイテムとして、私が毎日愛用しているのはナナデェコールのふわふわのアイマスクです。オーガニックコットンなので肌にのせるとふんわりと温かくなります。この安心感に包まれると、からだが自然とスイッチオフとなり、目にのせるだけで眠れるようになった毎日の必須アイテム。特に疲れていて熟睡したい日、新幹線や飛行機など、周りを遮断して短時間でも睡眠をとりたいときは必ずです。ナイトドレスとともに、産後の短時間の睡眠にも威力を発揮してくれました。浅い眠りを続けていても成長ホルモンは活性化できませんから、どれだけ深く眠れるかが勝負。この毎晩の積み重ねが、10年先の若さを導いてくれるはずです。睡眠がもたらす、バージョンアップしていく自分。快眠で美しさと若さをキープしてください。

オーガニックコットンのアイマスク¥3,400＋税／nanadecor　緊張を取りリラックスする手助けをしてくれるレスキューナイトスプレー¥3,200＋税／㈱プルナマインターナショナル

ストレスをコントロールする

何気なく毎日を過ごし、気付いたらストレスが溜まり、体調を崩してしまう。こんなひとが多いように感じます。ストレスが危険なのは、自分が気付かないうちに潜在的に私たちのこころに近づいてきて、からだにも影響をもたらすこと。特に女性が注意したいのは生理痛や偏頭痛をはじめ、何か病気につながることが多いということです。ある程度「どうでもいい」と思える楽観主義者であればいいのですが、細かいことが気になってしまう性分や、仕事場の人間関係に悩み、家でもあまりリラックスできないなど、溜め込んでしまうひとは要注意です。自分の意に反して起こるいろんな事情に、どう向き合っていくか、自分のこころの持ち方が大切。それには自分をよく知り、マネージメントしていく必要があります。ストレスに負けない自分づくりは、自分の性格や生活を、客観的に眺めることから始まります。どんなことにストレスを感じているか、逆にどういうことで気持ちがリセットできるのか。客観的に分析して、そのスイッチをたくさん持つこと。デトックスできるバスソルトを入れて半身浴をしたり、大好きな香りや、リラックスするためのツール、エステやマッサージ。何でもいい、自分のための気持ちのいいこと探しです。オーガニック的なライフスタイルを過ごしていると、いろんなスイッチが増えてきます。正しい食事は必ず底力といえるエネルギーをもたらします。忙しいからといって、惣菜やお弁当など添加物の多い食事をとり続ければ、確実にストレスが肥大して、体調が悪い方向へと向かってしまいます。もちろん、朝のヨガと毎日の10分の瞑想ができたら最高ですが、何でもいい、自分らしくいられるツールと何より睡眠の確保です。そして私が一番大切で、難しいと思うのは、自分にウソをつかないことです。ストレスがありそうなのに「私は大丈夫」と言っているひとがいます。でも生理が止まったり、胃腸が痛んだり、からだにその症状が出始めます。それは「大丈夫」と自分に言い聞かせているだけ。からだは正直です。付き合いの食事。同僚の愚痴。嫌だな、と思うことにはNOとは言わなくても、参加しない自分を持つこと。仕事のストレスなら、思い切って環境を変える勇気を持つこと。相手のせいで自分が疲れてしまうなんて時間の無駄です。大切なのは自分。交わらずに守る勇気を持ってください。こんなときに植物療法のお茶も有効です。自分が愚痴っぽくなったり、考え事や怒りで寝ていても悶々としてしまうとき。メリッサのお茶を飲んでください。フランスではメリッサ水を持ち歩いている女の子も多いようです。植物療法士の森田敦子さん曰く、緩和のトランキライザー（精神安定剤）。イライラはホルモンのバランスが悪いだけ。自分を責めずに、メリッサで頭の中をリセットし女性ホルモンもアップして、自分のこころとからだを守ってください。

静かな時間を持つということ

この情報過多な生活で「静かになる」ことはとても大切です。テレビもつけず、本を読むひととき。スマホを持たず、お茶を飲んでリラックス。自分だけの静かなひとときを持つことは、意外と難しいですよね。でもその時間を持てるかどうかによって、その先の自分が変わってくるような気がします。日頃の雑多な世界をリセットできれば、見えてくるものがあるはず。そして自由な時間の妄想が、自分の方向性ややりたいことをクリアに、創造的に広げてくれるのだと思います。

たとえば、毎朝の10分の瞑想は、私たちの存在の貴重さを教えてくれる大切な時間です。ただ目をつぶって座ることがこんなに難しいのか、と最初は戸惑いますが、目の前に出てくる画像や雑念、思いを、客観的な自分となって眺め、見送っていくのです。ヨガのケン・ハラクマ先生は思いを「手放すこと」を教えてくださいました。静かに自分と向き合ううちに、雑念や執着を手放していくことができる。それが自分を取り巻く様々な環境への感謝の気持ちや、自然との一体感を味わうことへとつながり、ほっと心の中が温かくなります。最初は1分ですら長く感じますが、次第に長く座れるようになります。毎朝、5分瞑想ができたら、マインドをいつもクリアに、ポジティブな自分に生まれ変わることができるでしょう。

頑張りすぎず、許してあげる

仕事や育児に追われていると「これをやらなくてはならない」と自分で決めつけて、結果手が回らないと、できなかった自分を責めてしまう。こんなひとはいませんか？　忙しいと計画的に物事を進めたくなりますが、全部をやりきれないことを想定内として、初めからゆとりを見積もってみてください。また、周りを気にしてばかりいると「あの人に悪いから」「こう思っているかもしれない」など気を使ってしまいます。相手の立場に立って考えることも大切ですが、周りを気にしてしまうと自分が疲れてしまいます。人にはいろんな価値観があり、みんなそれぞれに事情がある。だから相手にも「ねばならない」を求めない。期待をしすぎても疲れてしまいます。それは自分も同じです。相手に悪いから、自分を犠牲にしてまで決めたことを守らなくてもいいのです。意外と他人は、自分が思っているほど気にしていないものです。大切なのはひとの事情ではなく自分自身。「ねばならない」から解放してあげてください。そして、予定を立てたけれど守れなかった自分も許してあげる。次は無理のない計画が立てられればそれでいいのです。それでもイライラや自己嫌悪が強い場合、それは自分のせいではなく、何かがストレスになっているがゆえのホルモンのせいです。自分にも、ひとにももっと優しく。許せるようになると、凝り固まったからだも解放されて、リラックスした自分になれます。

ケン・ハラクマ（Ken Harakuma）インターナショナルヨガセンター（IYC）&アシュタンガヨガジャパン主宰。日本のヨガ界の第一人者。人生を有意義に、楽しく過ごすためのヨガ指導と健全なヨガの普及活動を行う。日本最大のヨガイベント、ヨガフェスタ発起人のひとり。著書に『ココロヨガ』（セブン&アイ出版）など。

自分を見つめる

Keep smiling

guest

ケン・ハラクマさん

「どんなに忙しくても1日に10分くらい、目をつぶって静かにすると今日の自分が見えてくる」

アシュタンガヨガを通して日本にヨガというものを浸透させ、
リラックスすることの必要性や、からだをクリーンに保つことの
気持ち良さを教えてくれたケン・ハラクマさん。
こころを穏やかに保つためのコツを教えていただきました。

私も昔はケンさんのヨガの海外合宿に参加した経験もあり、集中してからだを動かす気持ち良さも体験しました。ヨガの先にあるものは、静かな自分であって、どれだけポーズができたか、ではないことをみなさんにも知ってもらいたいと思います。ケンさんはいつも私にゆるめることや、ときどきの大切なものを気づかせてくれる先生です。

「ヨガのポーズはいつもおへそのあたり、からだの中心から動かす気持ちで。手足はあまり意識せずに、中心から動くと一番自分にとってのいい場所がわかります。そして止まってポーズをしている間は、できるだけリラックス。そうすると激しい動きでも真ん中の意識がわかり、そのうちからだを使わなくても、周りにひとがいる、ざわざわしているところでも自分の真ん中がわかるようになります」

それがわかると、いろんな状況に翻弄されず流されずにいられる。

「単純なポーズもすべて、おへそがポイント。たとえばカメラを撮る際も、おへそからカシャッと撮る。そうすると、手で撮らずにおへそから撮るから、撮ってないような感じになる。勝手に画像がシャッターを押させているような瞬間。そのほうが楽しいし、いいものが撮れる。それが日常の瞑想状態です」

からだの中心をとるって日常にも大事。

「どこかの場所に行ってもその場所の中心を探るには、その〝場所〟の中心じゃなくて、〝自分〟の中心に行けば、その場所の中心になってくる。お寺の石段を上っていくと山登りしてるみたいに疲れます。でも、足踏みしている感じで上が下に降りてくると楽に行ける。意識の使い方だけで、結果的に、楽に、到達できる方法。だから瞑想は、するのではなく来るもの。意識がどこかに向かうのが集中。だからどこかに集中していると一点しか見られなくなります。でも瞑想の感覚は、複数のポイントが同時に自分の意識に来る。ヨガの練習は、その集中するという作業から、瞑想をするというすべてを受け入れるところへ行くものです。受け入れているものと自分との区別がなくなり、自分というエゴがなくなると、サマディっていう、悟るという状態に。悟り感っていうのは毎日こう、タイムリーに味わうことができる。集中・瞑想・一体感。集中力がない人は、何かしようと思ってもすぐ飽きたり、他のことを考えたり、行動がそこに伴わない。集中力の強い人はすぐどこかにフォーカスできるけど、それが続くと疲れる。だから集中する時間は少なく、瞑想感覚を味わう時間を長くすると、自分は苦労しないでいろんなことができるっていう。意識がリラックスすると、いろんな方向から、ものが一気にひとつの意識に向かってくる。これが瞑想です」

でもそれには訓練が必要なんですか。

「ヨガの練習だけじゃなくて、同じことを繰り返ししていくと、感覚がわかりやすくなる」

日常をリラックスしながら、ストレスなく、何事も引き寄せてしまえたら最高です。

「ストレスはまずやりたくないことをやらない。でもやらなきゃいけないことは楽しむ。このふたつが大事じゃないかな。やらなきゃいけないと思い込んで、やりたくないことをやっているひとはいっぱいいる。絶対これはやらなきゃいけないことだっていうのが認識できたら、楽しむ方向でやる」

人間関係で悩んでいる人も多い。

「自分がリラックスしたり、ストレスを取り除く方法をいくつも持つとラクですよ。からだを動かせないときは美味しいものを食べ

て、あるいは寝るようにするとか、いい香りを嗅ぐとか、気持ちいいウェアを着るとか。これがダメならこっちがある、っていう選択肢がたくさんあったほうが、メンテナンスしやすい」

楽しませるツールがいっぱいあって、毎日それで楽しませてあげる。ケンさんは海外を移動し続けていても疲れていないですよね。

「よく振り返るけど、できるだけ人間関係は、関係持たない(笑)。昔はパーティやイベントも企画していたけれど、今はほんとに心地いいひとと一緒にいたり、食事したりするけど、ほんとミニマム。女性は特に気分があるからいろんなことをストレスと受け取りがち。1日に10分ほど、どんなに忙しくても目をつぶって静かにすると今日の自分が見えてきます。勝手に出るいろんな声を聞いてあげる時間を作ると、何も激しくからだを動かさなくてもいい。自分に一度戻る時間を女性は特に作ってあげないと、おんなじところに戻ってないのがわからない。私ってこう、と決めつけてる自分があっても、全然違うことがある。今日はこうだった、という時間があるとバランスがとれます。イライラしたときに目をつぶっていたらイライラしてる自分がわかる。背骨が寝ていると意識も寝ちゃうから背骨を立ててエネルギーはフローさせながら」

執着を手放せない人はどうしたらいい？

「物事もある意味絶対それが欲しいって思わないのがコツ。まあ来ればいいかな、くらいに思ってると結構来たりして。どこかにその思いができるっていう部分と、できなくてもいいよね、っていうのは同時進行。女性の感性だと今日と明日で気分が変わるじゃない。その変わるっていうのが、すごい大事な感覚だということを覚えておいてください」

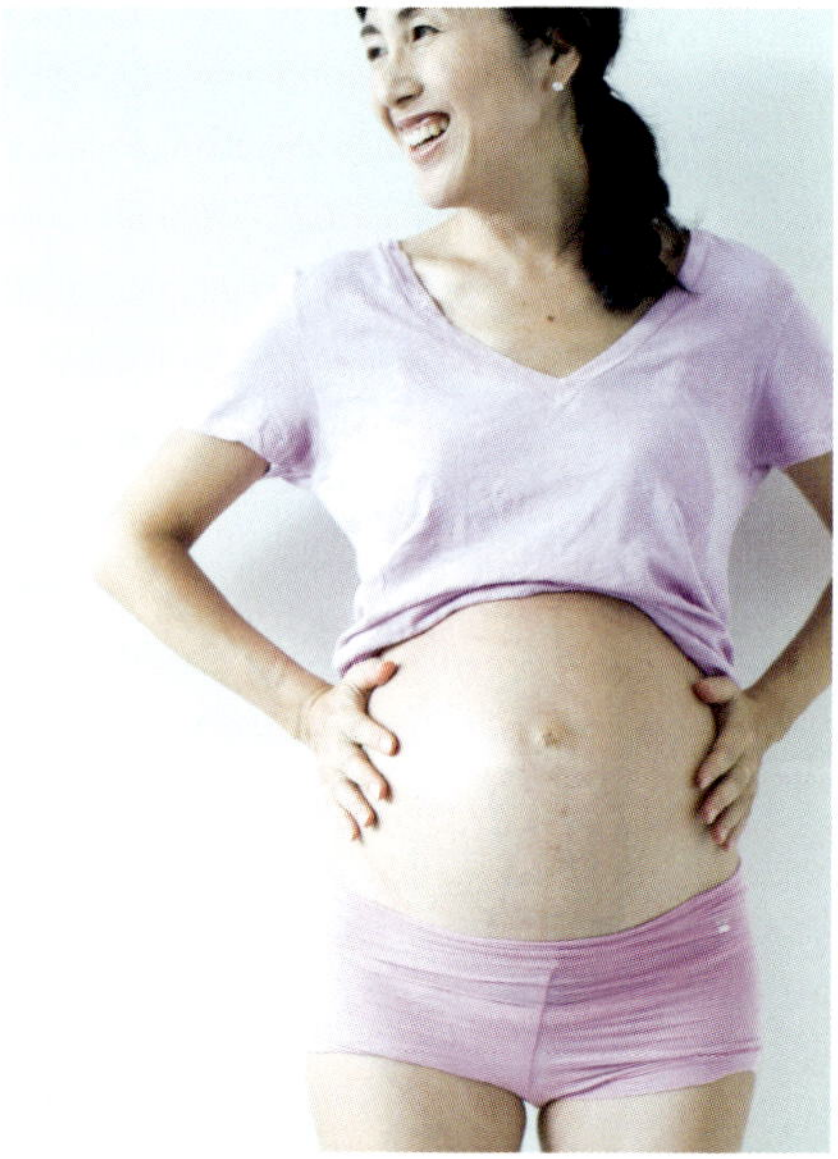

BIO-DEGRADABLE
NAPPIES
MIDI
2

健やかに産む、育てる

Happy Life

フィトテラピー（植物療法）や食事、睡眠を使って
女性ホルモンやからだを整えると
いつまでも若さも元気もキープできます。
そしてその延長線上に妊娠があります。
赤ちゃんとの出会いにより変わっていく人生。
それは天からいただいたギフトと責任です。
パートナーとの優しい関係があり育まれる
新しい愛情のかたちを大切にしてください。

妊娠するまでにしたいこと

仕事が一段落して、子供がほしいと思ったらもう38歳。それから集中して妊娠に向かいからだを準備し、ラッキーにも半年以内に結果が出ました。敬愛する植物療法士の森田敦子さんから妊娠に大切なのは「自分の粘膜力」だと聞いていたので、妊娠するには自分自身の中からの潤いが大事だとフィトテラピーに基づいたお茶をピッチャーに作り常飲。ラズベリーリーフ、メリッサ、レディースマントル、ハイビスカス、ローズヒップなどを煮出した女性ホルモンのための独自のお茶をブレンドしていました。パリには「エルボリステリア」といった薬剤師さんがハーブを処方してくれるお店があります。私は薬を飲まずにからだを管理したいのでハーブを使っています。今は「コスメキッチン」にて森田敦子さん監修のお茶やチンキが買えるようになりました。女性ホルモンにはメリッサとラズベリーリーフから。植物を取り入れて、自分の中の潤いをキープしてください。またナナデェコールのナイトドレスが妊活にいい！　と愛用者が多いのは、良質な睡眠とレースのついたファンシーなデザインが、女性ホルモンをアップさせてくれるから。夜、肌に触れてホルモンをぐんぐんと出してくれます。また産後も授乳服として着られる、そんな豊かなイメージをまとって眠ると、幸せがアップしていくようです。あと気を付けたいのは冷え。お菓子、コーヒー、お酒の摂りすぎによる疲れには夕方の梅醤番茶。

ふだんから冷たい飲み物は摂らず、食事も玄米とお味噌汁、発酵食品で中から元気に。妊娠前に集中した断食やクレンズプログラムなどで、一度からだを大掃除しておくとからだの機能が整うので、妊娠にも、その後のつわりにも、育てやすい赤ちゃんを産むためにもおすすめです。その後はオーガニックのものを中心に、添加物を摂らないように気を付けてください。また、酷使してきたからだをほぐすための運動やメンテナンスも重要。私は龍岡玲子先生のバレリーナストレッチを受けて、股関節周りをほぐしながら、ストレッチ&コアトレーニングをしていました。クラシックの音楽を聞きながらの優雅なクラスで、女性ホルモンも刺激されます。ナナデェコールのワークショップの中でも長年、大人気のクラスで妊娠率が高いことでも有名。生徒さんも多数妊娠されました。また子宮環境を改善するため森田愛子先生の鍼治療を組み合わせて中から整えていきました。そして「満月の布ナプキン」（P75）も愛用。妊娠はあまり執着しすぎると、こころもからだも凝り固まってしまうので、毎日をストレスなく、自分らしく楽しく過ごすこと。いい食事と適度な運動、そしてからだを温め、しっかり眠り、治癒力を高め、リズムを整えること。お茶やデリケートゾーンの専用コスメでハーブの効き目をプラスする。総合的に、女性ホルモンをアップさせ準備は万端です。

赤ちゃんと自分のからだのつながり

生理について、排卵について、妊娠について、日本では専門的な教育がされていないので、私の同世代には仕事を楽しく続けていたら「あれ？　もう高齢出産」というパターンが多く、私も間違いなくそのひとりです。妊娠は若いほうがいいのですが、40代で自然妊娠をして元気に出産されている方も多くいらっしゃいます。

不妊治療で有名な病院に通うと、年齢的にリスクが高まることへのプレッシャーと焦りから、過度のストレスでこころが委縮してしまう場合があります。フィトテラピーを取り入れて、オーガニック的に妊娠の準備をすることは、ある意味、自分の生活を整えることがすべて。どう進むかはあなた次第です。しかし、治療にせっかくお金をかけているのに、ふだんの生活を聞くと不規則なまま、という方もいます。妊活は自分の生活を見直す機会。最終的に着床率を上げるのも、元気な卵子をつくるのも、大切なのは自分のからだです。どれだけ子供を授かるために自分自身の準備ができるか、もしかしたら、この時期から来るべき赤ちゃんとの関係が始まっているのかもしれません。医療に任せる面と、自分で努力する面は同時進行。少し生活リズムを意識的にペースダウンし、過度なストレスや肉体的な負担があれば思い切って環境を変えるなど、ライフスタイルを見直してみる機会です。趣味や自分の時間を充実させ、楽しく生き生きと過ごせる環境作りをこころがけてください。

パートナーとの楽しい関係

仕事ができる人ほど、おざなりにしてしまうのが私生活です。子供がほしいと言っている方でも、「つぎの排卵日はいつ?」と聞くと曖昧であったりします。1年に12回しかないチャンスですから、仕事以上に真剣にからだを管理し取り組むことです。排卵日を特定するのは基礎体温ですが、私は同じ時間に計るのが得意ではないので、毎月近くの病院へ行きました。満月に生理がくると、排卵日は14日後の新月のあたり。その頃に婦人科に行き、排卵しそうな日を見てもらっていました。

妊娠できるか否かは、自分だけではなく、パートナーとの共同作業。タイミングがすべてです。妊娠はフィジカル的な要素はもちろんのこと、意外と大切なのはメンタルだと私は思っています。お互いのメンタルのつながりが、かみ合うことが大事。特に男性は、女性よりも精神的に繊細で過敏なので、気になることがあったり、仕事でストレスを抱えていたりすると、それが如実にからだに現れます。つまり、精神面が疲れていると、精子の量や活動量が格段に落ちてしまうのです。高齢出産の方も増えてきているからこそ、リスクはいろんな面から防ぎたいものです。排卵日近くになると、パートナーの精神ケアが女性の大事な仕事です。ふたりでリラックスしていられるように、相手が機嫌よく楽しくいられるよう考える。お互いの関係性を見直すことが、実は一番、妊娠に必要なポイントかもしれません。

妊娠期をどう過ごすか

幸いにも、赤ちゃんを授かることができたら、今度は自分のからだはふたりのもの。赤ちゃんをお腹の中で育む喜びを、思い切り楽しみたいですよね。妊娠前にからだをデトックスしておけば、つわりがなくからだが楽です。食事は添加物やコーヒー、スパイスや刺激物は控えます。私はふだんからあまりそういうものを摂らないので、いつもと変わらず。9月の出産でしたので、妊婦期の後半の暑い時期（陽性）は玄米（陽性）が食べづらく、パンやフルーツ（陰性）が多い陰性過多の食事に。子供が大きくなるための陰性の広がるエネルギーを欲していたのでしょうか。最後まで1日2食のまま、過食にもならず、私の体重は7キロアップのみでしたが、赤ちゃんは3240gできちんと産まれました。私の場合は産む前日まで仕事をして、お店のティーサロンの仕込みもできたくらいです。どちらかというと動きすぎ。妊娠ベルトは筋力が衰えるため、なし。その分、忙しくてお腹が張ると森田愛子先生の鍼を受けて緊張を抜き、お腹を引き上げてもらっていました。自分ではお風呂上がりにｍａｍａｂａｂｙオイルでリンパ節や股関節、妊娠線の予防のお腹のマッサージ。ゆっくりする時間もきちんとキープして、よく寝ていました。周りから驚かれるほど、感情のアップダウンもなく、いつもとほとんど変わらぬ生活ができたのは、オーガニックライフを経て、からだができていたおかげです。

母親のスタートはおっぱいケア

母乳ですくすくと育てていくために、赤ちゃんと息が合うよう工夫をしておっぱいをあげます。産前は予定日直前に乳首をほぐし、母乳の準備。胸が張り熱を持ったり、痛かったりして母乳が軌道に乗るまで実はかなりひと苦労。私も張って眠れぬ夜があり、産後こんなつらいとは知りませんでした。飲まない場合はお母さんの食事の質、くわえ方、角度、あげ方、必ず理由があります。自宅に帰ってしまってからでは遅いので、病院や助産院にいる間に助産師さんに徹底的に相談してください。また赤ちゃんに吸われ、乳首の皮が切れる激痛を乗り越えて皮膚が強くなるようです。私はｍａｍａｂａｂｙオイルを乳首に何度も塗っていました。食品の有機ＪＡＳを取得し、オーガニックの精油が超微量入ったもの。自分にも赤ちゃんの口に入っても安心なものを使ってください。お母さんが甘いもの、果物など陰性なものを多く食べると、赤ちゃんがぐずったり、乳児湿疹がじゅくじゅくとこじれたり陰性な症状が出ます。ひとのからだは右が陽性、左が陰性です。つまり母乳なら右の主食から左の副食へ。気持ちをこめて、おっぱいを片手でサポートしながら、深くしっかりくわえさせてあげる。赤ちゃんも満足して、ずっしりと重く落ち着いた子になるようです。お母さんは玄米と味噌汁、海藻類をしっかり食べ、いい母乳を作って、そしておっぱいをあげる幸せな時間を満喫してください。

nanadecor
MAMA BABY
Organic Oil
RELAX & RECHARGE
Fruits Flavor
Produced by SRI TARA
Made in Japan
15℃ cold pressed
nanadecor
MAMA BABY
Organic Soap
Produced by SRI TARA
80g
Made in Japan

産後に自分をバージョンアップする

赤ちゃんとのつながりはかけがえのない幸せな時間です。でもそれと同時に、産後は時間軸も価値観も優先順位も変化するので、精神的にもホルモン的にも不安定になります。産後はそういう時期なのだと、客観的な自分を持ってみてください。

しかし思いのほか産後のこの時期が、私にとってはゆっくり過ごせる時間となりました。妊娠中が大切にしてもらえる至福のとき、と聞きますが、私は仕事を追いこんでいたので、そんな時期は束の間。産後の数か月が、自分にとってのご褒美でした。今まで夜中まで起きていたことも多かったので、赤ちゃんとの規則正しい生活で睡眠時間が逆に増えたくらい。パソコンからも離れ、人生久しぶりの自由な生活。いろんなものをふるいにかけたように、仕事もプライベートも、シンプルになりました。産後数か月は寝て起きて、おっぱいをして、お散歩をしてゆっくりと。夜もしっかり寝てくれ、安定していたので読みたかった本を読んだり、インターネットの英会話をスタートしたり、ワクチンや予防接種について調べたり、絵本を借りに図書館に通いました。気持ちの余裕ができたので、その後も子連れで勉強を再開です。子育てや産休は仕事にはマイナスなイメージですが逆に自分をバージョンアップさせるチャンスだと私は思います。時間の隙間を見て資格を取るなど新しいことに挑戦して、次のステージへの準備をしてはいかがでしょうか。

赤ちゃんが産まれて、今までの人生には考えられないほど、満たされた幸せなひとときを過ごしています。毎日、かわいい成長が見られて、夫婦の価値観もがらっと変わる、人生の新しい冒険の始まり。だからこそ、思い切り子育てを楽しもうと思います。赤ちゃんとリズムを合わせて、思いを込めて接してあげる。おかげで我が家はあまり手がかからず、産後2か月後には展示会を、3〜4か月から仕事を少しずつ始めました。仕事場に赤ちゃんがいて、スタッフみんなに遊んでもらうという贅沢な環境です。家族でいられる幸せを求め夫婦で「ナナデェコール」を運営しているので、旦那さんも仕事に子守りに家事にと大奮闘。ママスタッフを中心に、みんなに助けられ歩んでいます。そして何事も臨機応変に。オーガニックの紙おむつを見つけたので、忙しい日は紙おむつ、余裕があれば布おむつ。規則正しい生活も大事ですが、ときには友人宅や外食にも出かけるし、海外も国内も出張はいつも赤ちゃん連れで出かけています。子供ができたから、何かが制限されるのではなく、より充実した人生がありました。オーガニックライフのおかげで、健康で、元気で、子供も育てやすく、頭もやわらかく。働き方も、家族の過ごし方もときどきに変わっていくことを楽しみながら、日々学びながら。いつもみんなで笑って、仕事もプライベートも無限大に広がっていく。また豊かな人生が始まりました。

しっかり吸収できるオーガニックの紙おむつと布おむつを使い分け。プレミアムエコ紙おむつナッピーズ¥3,800＋税／ビーミングベビー　布おむつ／私物

emi's selection

ママと子どものためのケア

産後は抜け毛が気になったり
ママと赤ちゃんと一緒に使えるなど
デリケートな肌に安心なアイテムを。

1

EPICUREAN
ヘアトニック

産後は驚くほど髪が抜けます。頭皮がむくんで毛穴が緩むのも原因なのでトニックをつけてマッサージ。髪を洗う回数を減らしたいので、夜のリフレッシュにもいい。￥8000＋税／㈱ツイギー

2

ラカンワ オンクチュウ フィト
ボディファーミング クリーム

産前産後とお世話になっているクリーム。漢方の処方で足のむくみをリセット。血液の循環を高め疲れたときや産後の寝ているときにもいい。￥4,600＋税／㈱サンルイ・インターナッショナル

3

erbaviva
ベビーバター

赤ちゃんの肌が乾燥したらオイルの上にバームを重ねて保湿。やわらかな独特の香りが大好きです。mamababyのオイルの上に重ねて使っています。※秋冬限定商品。￥2,430＋税／スタイラ

4

mamababy
オーガニックオイル

赤ちゃんの保湿にお母さんのおっぱいケアに、むくみのマッサージオイルに、クレンジングに、とにかく全身に安心して使える食品有機JAS取得のセサミオイルを常備。￥3,800＋税／nanadecor

5

【HERBORISTERIE】
タンチュメール エキナセア

エキナセアは免疫力アップなので常備薬として。産後に格段に下がる免疫力をチンキ剤でサポート。風邪の時期や感染症の予防に。子供も飲める安心ハーブ。￥5,000＋税／コスメキッチン

6

ブレスト ケアクリーム

おっぱいの時期が終わったら、下がってしまうバストを上げてくれるクリーム。これ1本使いきるよう集中してマッサージするといい。￥6,000＋税／㈱サンルイ・インターナッショナル

7

mamababy
オーガニックソープ

産後は親子で同じものを。ダブル洗顔にクレンジングに、お母さんも赤ちゃんも髪から足先まで全身使えてしっとり。母乳と同じ成分のキングココナッツオイル入り。￥2,400＋税／nanadecor

森田敦子（もりた・あつこ）日本での植物療法の第一人者。サンルイ・インターナッショナル代表。仏国立パリ13大学で植物薬理学を学んだのち、帰国。日本でAMPP認定・植物療法専門校「ルボア　フィトテラピースクール」を主宰するほか、植物療法と医療とのコラボレートや商品開発など、多岐にわたって活躍。

女性＝粘液力を高める
Happy Life

guest

森田敦子さん

「身にまとうもの、食べること、呼吸すること、自然治癒力を高めることはとても大切です」

植物療法＝フィトテラピーの素晴らしさを教えてくれた森田敦子さん。
ご自身も大病の末にフランスでフィトテラピーを学び、
日本の医療では妊娠は難しいと言われていたのに40代で自然妊娠・出産されました。
女性として、また産み・育てるために大切なことをうかがいました。

からだを整えることで、未知なる力が湧き上がってくる。そんな勇気をくれる敦子さんは、私にとってお姉さんのような存在。いつもハーブのことだけではなく、生き方や考え方などを教えていただいています。植物の力をいつどう摂るかは病気や体調管理に役立ちます。

さらに女性のからだの管理も敦子さんの得意分野。フランスだとデリケートゾーンのケアが当たり前ですが、日本はまだ遅れているのが現状。日本では生理痛や頭痛に関する悩みを持つひとが多いですよね。

「からだの仕組みの基礎知識がなく、母親が娘に、生理が始まったときにお風呂に入っていいのか、ナプキンとタンポンどちらがいいのか、知識を伝えられない時代になりました。生理がきてなぜ異性が気になるのか、排卵の大切さ、生理痛は通常20歳くらいまでに終わること、なぜ過激なダイエットやストレスがいけないか、といったことが説明できない」

フランスでは母親が娘に話すんですか？

「そうですね。生理が始まる頃に。日本は大人になっても生理痛に悩んでいるひとが多い。痛みの原因が筋腫や内膜症の危険信号のときがあるので10代のうちにマイ産婦人科をもち、お母さんと一緒にでもお腹の中を診てもらうことが大事です。内膜症の場合、妊娠に関わってくる可能性も」

日頃のケアと検診が必要なんですね。自分と向き合うこと、トラブルがあったときにどう悩みを改善していくか。

「フィトテラピーを手軽に生活の中に取り入れてほしくて、最近コスメキッチンと協力して〝エルボリステリア〟を作りました。〝エルボステリア〟とは、ヨーロッパに古くからある薬草薬局のことで、日本では、チェストベリーやメリッサなど、女性ホルモンの分泌を整える、薬効のあるハーブなどを展開しています。薬が大事なひともいれば、不妊治療をして結果が出るひともダメなひともいます。でもオーガニックな生活はこれからの人生を大きく変えてくれます」

本当に変わります。結果が10年後とかに出るんでしょうね。30代、40代と。

「私も子供ができないと宣告されていたので、40代半ばでできるなんて思っていなかった。フィトテラピーは自分が何歳になってもハッピーで健康で肌や髪も美しくいられること、そしてイライラしないようになど、様々なケアができます。ハーブは薬の原点で、たとえば植物の成分から抗生物質や痛み止めが、作られてきた歴史があるのね。穀物や野菜も植物ですし、食べ合わせ、飲み合わせの黄金率がある。日々のベースとなるからだ作りはオーガニックライフであるし、膣にあたるところは夜だけでもオーガニックコットンにしたい。肌触りの良いオーガニックの下着やパジャマで寝れば、寝返りで擦れたときにマッサージになり癒されます。身にまとうもの、食べること、呼吸すること、自然治癒力を高めることはとても大切です」

そこから女性ホルモンについて考えるようになる。日本人はストレスも深刻ですよね。

「ストレスなんてあって当然。家庭内の問題や、友達関係、経済環境、いろいろとありますが、すべて捉え方です。ストレスホルモンが出ている自覚がないと、せっかく取り入れた栄養素が使われて老化が起こる。それを防いでくれるのはメラトニンという眠くなったときに出るホルモンです。〝眠りのホルモン〟といわれていますが、そのメラトニンが実は卵子の老化も防ぎます。メラトニンは、夜携

帯を見てしまうと一気に出なくなってしまうので、なるべく眠る前は、最小限の明かりの中でゆったりと過ごして」

気持ちいい生活にハーブの力をオンしていくと、より若々しくいられますか？

「眠ればストレスで胃に穴が開かず修復されます。からだの中の炎症と精神的なものもリセットできる。修復されないと次の日にストレスを持ち越し倍増していく。肌がガサガサしてアトピーが出たり言葉が悪くなったり、周りに悪口を言ってしまう。イライラするのでどうしてもネガティブな発想にも。素直になれないんでしょうね。それではいくら成功してもハッピーじゃないですよね」

そのサイクルに入ってしまうと自分ではもうどうしようもなさそうです。

「オーガニックライフの神髄は食べることと呼吸と循環ですね。植物が出した酸素を呼吸で深く吸うと気持ちが落ち着きます。そんなときにヴァンルージュ（赤ぶどうの葉）のエキスを飲めば血液が全身の毛細血管まで届くので、酸素が行き届きます。そうすることで、私たちの体温は上昇します。人間は体温が1度違えば免疫力は5倍違います。体温が36度以下の低体温の人が増えていますね。自律神経が乱れて冷えを招いている人も多い。そんなときはぜひヴァンルージュを。エキナセアは、子供や風邪のひき始めに。妊娠中でも、安心して飲むことができます。免疫力を上げてくれる特別な植物です。体力があって免疫力が高いとよくしゃべり明るく、体温も高くめぐりが良いですよね。オーガニックライフは元気に暮らすこと。体温が低ければ体温を高めてくれるような薬草を、眠れなかったらストレスと上手に向き合い、よい眠りを与えてくれる植物を摂ればいいんです」

おわりに

「ナナデェコール」を始めて早いもので10年近くになりました。ただオーガニックコットンの良さを伝えたいと始めたブランドですが、この過程にたくさんの学びがありました。よく何事も、作るのは簡単だけれど、継続することが難しいと言います。今があるのは、「ナナデェコール」を愛してくださるみなさんと、一緒に歩んでくれたスタッフのおかげです。そしてアパレルもビジネスも、雇用することも、店の運営も、何に関しても初めてで、今までご迷惑もかけた方々へもお礼を申し上げます。編集者時代に、いろんな個性のあるスタッフに恵まれ、突然起こる様々な事件を乗り越えてきた、そんな環境で育ったことが私の仕事のベースです。どんなことでも、大変なこと、思いもよらない事件が起きます。そこを地道に歩んで続けられるかどうかです。あきらめたときが終わるときで、思いを信じてコツコツと進んでいくと、その先に未来があると信じています。精神力=体力。この情熱を支えてくれたのがオーガニックライフだったのだと、最近になって思うようになりました。幸いにも、周りの先輩たちはみな刺激的で元気、仕事もプライベートも楽しく過ごしている方ばかり。そんなみなさんを見習って、より年々バージョンアップして進んでいきたい。子供が生まれてから、なおさらそう思うようになりました。

これから女性は、いつまでもきれいで、仕事をしながら楽しく充実した人生を送る時代だと思います。ライフワークと呼べる一生続けられる仕事に出会えたらラッキー。でも「これをやりたい」と思う何かがあるひとは少なく、私のように偶然の出会いから、ライフワークに育まれるかは自分次第です。いつも周りに敏感で、素直な自分でいられること。オーガニックライフはそんな導きもくれたような気がします。いつまでも、自立した大切なメンバーと人生を助け合いながら、仕事を楽しんでいきたい。だからこそみなさんにも優しいものを届けられる。ここ日本でもそんな働き方があってもいいのではないかと、ママが多い「ナナデェコール」では企業として働き方の在り方も模索しています。ストレスが多い時代。からだもこころもバランスを崩しているひとが増えていきます。オーガニックやフィトテラピーを通じて、もっと女性がリラックスして活躍できるように、いろんな方向からサポートできたら嬉しいです。元気の源である両親や家族、いつも応援してくれる義父母、長年私を見守り支えてくれたスタッフ、未来を共にするスタッフ、この本の制作をはじめ学びをくれる先輩や仲間、私の都合でふりまわされながらも、笑顔で癒してくれる娘、どんなときも私を支えてくれている主人。すべてのみなさんに感謝し、これからも素敵なオーガニックライフを提案していくことをここに誓います。

２０１５年６月　神田恵実

index

アムリターラ　0120-980-092
ヴェレダ・ジャパン　0120-070-601
海の精㈱　TEL03-3227-5601
オーサワジャパン㈱　0120-667-440
㈱大村屋　TEL06-6622-0230
おもちゃ箱　TEL03-3759-3479
海幸の里　TEL0957-74-5001
㈲鹿北製油　TEL0995-74-1755
川添酢造㈲　TEL0959-22-9305
北原産業㈱　TEL0120-12-1001
㈱健草医学舎　TEL0120-558-446
㈱ゴープレミア　www.go-premiere.co.jp
こくさいや　TEL03-3925-0914
コスメキッチン　TEL03-5774-5565
桜井食品㈱　0120-668-637
㈱サンルイ・インターナッショナル　0120-550-626
㈱ジェイ・シー・ビー・ジャポン　TEL03-5786-2171
SHIGETA Japan　0120-945-995
スタイラ　0120-207-217
㈱角谷文治郎商店　TEL0566-41-0748
THREE　0120-898-003
㈱創健社　0120-101702
小さな島のオリーブ畑　TEL0959-27-0253
CHOOSEE　TEL03-5465-2121
㈱ツイギー　TEL03-6434-0518

テラクオーレ　TEL03-5446-9530
照国オリーブラボ　TEL099-223-0086
戸塚醸造店　TEL0554-62-6091
nanadecor　TEL03-6434-0965
ニールズヤード レメディーズ　0120-554-565
日東醸造㈱　TEL0566-41-0156
日本グリーンパックス㈱　TEL03-3663-8745
㈱ネイチャーズウェイ　0120-060802
農業生産法人　竹内農園㈱　TEL0739-34-0137
能祖はちみつ園　TEL095-885-2453
㈱ピー・エス・インターナショナル　TEL03-5484-3483
ピース８１　TEL03-6427-2983
Beaming Baby　http://beamingbaby.jp/
㈱菱和園　TEL052-624-1125
㈱ブラウンシュガーファースト　0120-911-909
ブラシの平野　TEL03-3852-5440
㈱プルナマインターナショナル　TEL03-5411-7872
マルサンアイ㈱　0120-92-2503
㈱ミトク　0120-744-441
ムソー㈱　TEL06-6945-5800
㈱ヤムヤム　TEL0287-48-8177
㈱リッチフィールド　TEL06-4802-4800
リマ池尻大橋店　TEL03-6701-3277
ロゴナジャパン　TEL03-3288-3122

花材協力　the little shop of flowers　http://www.thelittleshopofflowers.jp/
野菜取り寄せ　はたちょく九州　http://hatachoku.main.jp/
hakusuifirm 有香園　TEL099-266-1315
マスタークック　健康綜合開発㈱　TEL03-3354-3948

※本書で紹介する内容・方法を実行した場合の効果・効能には個人差があります。
※本書に記載されている情報は2015年6月現在のものです。商品の価格や仕様などは変更になる場合もあります。
※著者の私物に関しては現在入手できないものもあります。

nanadecor

自分を大切にする人へ向けたオーガニックコットンブランドnanadecor。ヘルシーなティーサロンも併設する「salon de nanadecor」は、表参道の裏路地にある一軒家。靴をぬいでお店に上がっていただく、都会の中のリラックス空間です。nanadecorのオーガニックコットンやファッションアイテムのほか、オーガニックコスメや雑貨、こだわりのある方へのギフトが揃っています。

salon de nanadecor
サロンドナナデェコール
TEL.03-6434-0965
東京都渋谷区神宮前 4-22-1
定休日：月曜日
営業時間：12:00 P.M ～7:00 P.M
www.nanadecor.com

My Organic Note
心地いい暮らしで変わる、こころとからだ

神田恵実 著

STAFF

撮影　中川正子

AD、デザイン　中野有希子（Store.Inc）

ヘアメイク　菅原りえ（Twiggy／P2、P96～99、P113、P130）
RIKA（A.K.A.／P56～61）
大山恵奈（nap／P120）

対談撮影　畠山あかり（P56～61、P116～119）
森本菜穂子（P96～99、P138～139）

校正　鈴木初江

編集　青柳有紀、川上隆子（ワニブックス）

2015年7月 8日　初版発行
2016年6月25日　2版発行

発行者　横内正昭
発行所　株式会社ワニブックス
〒150-8482
東京都渋谷区恵比寿4-4-9
えびす大黒ビル
電話　03-5449-2711（代表）
03-5449-2716（編集部）
ワニブックスHP　http://www.wani.co.jp/
＜正しく暮らす＞シリーズHP
www.tadashiku-kurasu.com/

印刷所　凸版印刷株式会社
DTP　株式会社オノ・エーワン
製本所　ナショナル製本

　ISBN978-4-8470-9358-6